Mario Vargas Llosa

Diario
deIrak

Mario Vargas Llosa

Diario de Irak

Fotografías de MORGANA VARGAS LLOSA

© 2003, Mario Vargas Llosa

© Fotografías: Morgana Vargas Llosa

© De esta edición:

   2003, Distribuidora y Editora Aguilar, Altea, Taurus, Alfaguara, S.A.

   Calle 80 Nº 10-23

   Bogotá, Colombia

• Aguilar, Altea, Taurus, Alfaguara, S. A.

   Beazley 3860. 1437 Buenos Aires

• Aguilar, Altea, Taurus, Alfaguara, S. A. de C. V.

   Avda. Universidad, 767, Col. del Valle,

   México, D.F. C. P. 03100

• Santillana Ediciones Generales, S.L.

   Torrelaguna, 60. 28043 Madrid

Diseño de cubierta: Agustín Escudero

ISBN: 958-704-112-7

Printed in Colombia - Impreso en Colombia

Índice

Índice

El mal menor

Este reportaje relata un viaje a Irak de doce días, entre el 25 de junio y el 6 de julio de 2003. Lo escribí a salto de mata, mientras vivía lo que contaba, y lo corregí a mi regreso a España, en la segunda semana de julio. Comenzó a publicarse en *El País*, de Madrid, y en diarios y revistas de varios países de Europa y América Latina a partir de los primeros días de agosto. Pero no todos los diarios y semanarios que adquirieron los derechos de edición publicaron la serie completa, sino artículos sueltos. Es una de las razones por las que me he animado a reunirlos en un libro: a fin de corregir las impresiones equivocadas o imprecisas de mi breve experiencia iraquí que podría haber dejado una lectura fragmentaria del reportaje.

He añadido, como anexos, cuatro artículos relativos a la guerra de Irak que aparecieron en mi columna «Piedra de toque» en *El País*, tres de ellos antes de mi viaje a Bagdad, y uno posterior, el relativo al atentado contra la sede de la ONU del 19 de agosto de 2003.

Quien se dé el trabajo de leer todo este material advertirá que mi oposición a la intervención militar de Estados Unidos y Gran Bretaña en Irak, expuesta de manera inequívoca el 16 de febrero, quedó muy matizada, para no decir rectificada, luego de mi viaje. Ésta fue, precisamente, una de las dos razones por las que lo emprendí: averiguar sobre el terreno —desde la perspectiva de los iraquíes— si los argumentos para condenar la intervención militar seguían siendo tan persuasivos como cuando razoné en abstracto sobre el asunto, lejos del lugar de los hechos, en Europa. (La otra razón era ver cómo le iba allá a mi hija Morgana, que pasó cerca de dos meses en Irak trabajando para la Fundación Iberoamérica-Europa).

Sigo creyendo que fue un gravísimo error de los gobiernos de la coalición esgrimir como justificación para la acción militar la existencia de las armas de destrucción masiva en manos de Sadam Husein y la vinculación de éste con Al Qaeda y los autores de la matanza del 11 de septiembre, sobre las que no había pruebas definitivas y que a estas alturas parecen haber sido más pretextos que razones concluyentes.

Porque la destrucción de la dictadura de Sadam Husein, una de las más crueles, corruptas y vesánicas de la historia moderna, era una razón de por sí suficiente para justificar la intervención. Como se hubiera justificado una acción preventiva de los países democráticos contra Hitler y su régimen antes de que el nazismo precipitara al mundo en el Apocalipsis de la Segunda Guerra Mundial.

«Sadam Husein debía caer, pero por acción interna de los propios iraquíes», ha dicho el presidente francés Chirac, en una frase que revela un desconocimiento profundo del régimen que presidía Sadam Husein. Como el de Hitler, como el de Stalin —sus modelos—, el dictador iraquí había expropiado la soberanía de todo su pueblo y mediante el ejercicio de un terror vertiginoso, colonizado los espíritus de los iraquíes hasta aniquilar en una perspectiva más o menos próxima toda posibilidad realista de un levantamiento eficaz contra el régimen que abriera las puertas a un proceso de democratización. Hubiera sido posible, sin duda, un golpe palaciego, que reemplazara al sátrapa por otro sátrapa. O, acaso, una acción insurreccional de corte fundamentalista que instalara en Bagdad un régimen gemelo al de los ayatolás iraníes. ¿Era éste el camino de la libertad para el diezmado pueblo de Irak?

Criticable, sin duda, por su carácter unilateral y por carecer de un respaldo de las Naciones Unidas, la intervención militar de la coalición ha abierto, sin embargo, por primera vez en la historia de Irak, la posibilidad de que este país rompa el círculo vicioso de autoritarismo y totalitarismo en que se ha movido desde que Gran Bretaña le concedió la independencia. Los lectores de este reportaje comprobarán que, con todos los sufrimientos que les ha traído la intervención militar, éstos son todavía mínimos comparados a los que los iraquíes han padecido debido a la política genocida, de abyección y de represión sistemática del régimen del Baaz. Esto no lo digo yo: lo dice el 67 por ciento de los bagdadíes consultados en una encuesta reciente de Gallup, de la que da cuenta *The New York Times* del 24 de septiembre. Casi dos tercios de los iraquíes, pues, reconocen que, a pesar de la falta de agua y de electricidad, de la inseguridad ciudadana y la gravísima crisis económica, están mejor que bajo la férula de Sadam Husein. Ahora, por lo menos, pese a las bombas de los terroristas, viven una esperanza y un comienzo de verdadera liberación.

Sin duda es peligroso sentar como norma el derecho de las naciones democráticas de actuar militarmente contra las dictaduras, para facilitar los procesos de democratización, pues en algunos casos semejante principio podría convertirse en una cortina de humo para aventuras de carácter colonial. Esta conducta sólo puede ser legítima en casos excepcionales, cuando, por su naturaleza extrema, sus excesos criminales y genocidas, una dictadura ha cerrado todos los resquicios de libertad que permitan una acción pacífica de resistencia a su propio pueblo, o cuando se convierte, por sus iniciativas beligerantes contra sus vecinos y sus atropellos a los derechos humanos, en un serio peligro para la paz mundial. Los testimonios de todos los iraquíes que pude recoger en mi corta estadía en Irak y de los que da cuenta este reportaje me convencieron de que el régimen de Sadam Husein se ajustaba como un guante a esta excepcionalidad.

Por supuesto que una intervención de esta índole debería haber sido legitimada por la legalidad internacional representada por las Naciones Unidas. Pero la oposición de Francia, que amenazó con su veto en el Consejo de Seguridad, cerró todas las puertas a esta posibilidad.

La guerra de Irak trasciende largamente las fronteras de la antigua Mesopotamia. Ella ha servido para sacar a la luz y agravar las diferencias entre Estados Unidos y sus antiguos aliados, como Francia y Alemania, y para atizar el odio a Estados Unidos, legitimando un nuevo anti-norteamericanismo con un aura de pacifismo y anti-colonialismo en el que se codean nostálgicos del fascismo y del comunismo con nacionalistas, social-demócratas, socialistas y los movimientos anti-globalización.

Por una extraña vuelta de tuerca, la guerra de Irak ha permitido que, en Europa y América, se dignifique a Sadam Husein como el David del tercer mundo resistiendo la aventura colonial y petrolera del Goliat-Bush, y para demonizar a Estados Unidos como la fuente primera de la crisis internacional que vive el mundo desde el 11 de septiembre de 2001. Es lamentable que la frivolidad, acompañada de un nacionalismo creciente, de los que ha hecho gala el Gobierno francés en este asunto haya contribuido a esta desnaturalización de la realidad histórica, uno de cuyos efectos más graves ha sido la división en el seno de la Unión Europea, que amenaza con demorar y acaso paralizar por tiempo indefinido el proceso de integración de Europa.

Por último, la guerra de Irak —o, mejor dicho, la posguerra— ha servido para definir lo que serán las guerras del siglo XXI. Estas confrontaciones opondrán cada vez menos, como en el pasado, a ejércitos convencionales, y cada vez más a sociedades y regímenes abiertos contra organizaciones terroristas que, gracias a los recursos de que disponen, pueden tener acceso a una tecnología bélica de gigantesco poder destructivo y causar daños inconmensurables contra las poblaciones inermes, como demostró Al Qaeda el 11 de septiembre de 2001. En las pocas semanas que han transcurrido desde que estuve allí, la situación se ha agravado, y por lo menos tres personas a las que entrevisté o que me ayudaron en mis averiguaciones —el imam Al Hakim, Sergio Vieira de Melo y el capitán de navío Manuel Martín-Oar— han perecido víctimas de acciones terroristas. Esto es, naturalmente, doloroso y grave, sobre todo para el pueblo iraquí, que es quien padece los peores estragos de este nuevo tipo de confrontación bélica. Pero no conviene sacar de ello conclusiones pesimistas y proponer, como hacen algunos, abandonar a los iraquíes y dejar libre el terreno a los rezagos partidistas de Sadam Husein y a todas las organizaciones internacionales del terror que se han desplazado a Irak para impedir que éste sea un país libre. Esa batalla puede ser todavía ganada si la comunidad de naciones democráticas se siente concernida y actúa en consecuencia. Porque del resultado de la confrontación que tiene hoy día lugar en Irak dependerá, en buena parte, que, en el futuro, la cultura democrática termine por imponerse al terror y al fanatismo autoritario, como terminó imponiéndose a las ideologías totalitarias del fascismo y el comunismo, o que el mundo entero retorne a la barbarie de los antiguos despotismos y satrapías que son el legado político más robusto de la historia humana.

Tengo la esperanza de que este reportaje sobre la experiencia cotidiana del pueblo iraquí que sobrevivió a la dictadura del Baaz ayude, a quienes se esfuerzan por tener un juicio propio y no juzgan en función de los reflejos condicionados y los estereotipos de la corrección política, a hacerse una idea más precisa de lo que significó para el pueblo de Irak la tiranía ya derrotada de Sadam Husein (pero que sigue dando feroces coletazos de muerte antes de desaparecer del todo) y preguntarse en función de ello si esta guerra —cruel, como todas las guerras— no era el mal menor.

Washington D.C., 25 de septiembre de 2003

Diario de Irak

Capítulo I

La libertad salvaje

Irak es el país más libre del mundo, pero como la libertad sin orden y sin ley es caos, es también el más peligroso. No hay aduanas ni aduaneros y la CPA *(Coalition Provisional Authority)*, que preside Paul Bremer, ha abolido hasta el 31 de diciembre de este año todos los aranceles y tributos a las importaciones, de modo que las fronteras iraquíes son unas coladeras por donde entran al país, sin dificultad ni costo alguno, todos los productos habidos y por haber, salvo las armas. En la frontera con Jordania, el oficial norteamericano de guardia me aseguró que esta semana habían ingresado a Irak por allí un promedio de tres mil vehículos diarios con mercancías de todo tipo.

Por eso las dos largas avenidas Karrada In y Karrada Out, que zigzaguean, como hermanas siamesas, por Bagdad, ofrecen, en sus innumerables tiendas que se han desbordado hacia la calle y convertido las veredas en un pletórico bazar, una inmensa variedad de productos industriales, alimenticios y vestuarios. Y, también, en el paraíso de la piratería en materia de discos, compactos y vídeos. Pero lo que los bagdadíes compran con avidez son las antenas parabólicas, que les permiten ver todas las televisiones del mundo, algo que no les ocurrió nunca antes y que indigna a los clérigos conservadores, que ven en ese desenfreno televisivo una invasión de la corruptora pornografía occidental. Los iraquíes ahora pueden también navegar libremente por el Internet, lo que era delito en tiempos de Sadam Husein, y es divertido ver en los cafés informáticos que han brotado como hongos por Bagdad la pasión con que los bagdadíes, sobre todo los jóvenes, se entregan a este novísimo deporte que los integra al mundo. Pero el activo comercio callejero tiene más de trueque primitivo que de compraventa moderna. Como no hay bancos, ni cheques, ni cartas de crédito, todo se hace al contado, y, dada la desintegración del dinar (unos 1.500 dinares por dólar el último día que estuve allí), para hacer cualquier adquisición el comprador debe llevar consigo voluminosas cantidades de bille-

tes —maletas, a veces—, que le pueden ser bir-
ladas en cualquier momento por la plaga del
momento: los ubicuos Alí Babás. Porque, además de aduaneros, tampoco hay policías, ni
jueces, ni comisarías donde ir a denunciar los
robos y atropellos de que uno es víctima. No
funcionan ministerios, ni registros públicos, ni
correos, ni teléfonos, ni hay leyes o regla-
mentos que regulen lo que un ciudadano puede o no puede permitirse. Todo está librado
a la intuición, a la audacia, a la prudencia y al
olfato de cada cual. El resultado es una desa-
tinada libertad que hace sentirse a la gente de-
samparada y aterrada.

La única autoridad está representada por
esos tanques, tanquetas, camionetas y todote-
rrenos artillados, y por las patrullas de a pie de
los soldados norteamericanos que cruzan y des-
cruzan las calles por doquier, armados de fu-
siles y metralletas, estremeciendo las viviendas
con la potencia de sus vehículos de guerra y a
quienes, si uno los mira de cerca, los descubre
también tan desamparados y aterrados como
los bagdadíes. Desde que llegué aquí los atentados contra ellos han ido creciendo de manera sistemática y han abatido ya a una trein-
tena y herido a cerca de 300. No es extraño
que anden recelosos, con el alma encogida y

el dedo en el gatillo, patrullando estas calles llenas de gentes con las que no pueden comunicarse, en este calor de mil demonios que a ellos, con sus cascos, chalecos antibalas y parafernalia guerrera, debe resultarles todavía peor que a las gentes del común. Las cuatro veces que intenté un diálogo con ellos —muchos son adolescentes imberbes—, sólo obtuve respuestas escuetas. Todos sudaban a chorros y movían los ojos en torno sin cesar, como saltamontes desconfiados. Pero Morgana, mi hija, tuvo una conversación más personal con un soldado de origen mexicano, que, desde lo alto de un tanque, de pronto, le abrió su corazón: «¡No puedo más! ¡Llevo tres meses aquí y ya no lo aguanto! ¡Cada día me pregunto qué demonios hago aquí! Esta mañana mataron a dos compañeros. No veo la hora de volver donde mi mujer y mi hijo, maldita sea».

Corren sobre los norteamericanos que patrullan Bagdad infinidad de historias, la mayoría de las cuales son sin duda exageraciones y leyendas. Por ejemplo, que, en su desesperación por los crecientes atentados, irrumpen en las casas y cometen tropelías con el pretexto de buscar armas. Intenté confirmar algunos de estos cargos, y siempre resultaron infundados. Pero la verdad es que nadie sabe a qué atenerse, ni sobre esto ni sobre nada. Por primera vez en su historia, hay la más absoluta libertad de prensa en Irak —cualquiera puede sacar un diario o revista sin pedir permiso a nadie— y se publican más de cincuenta periódicos sólo en Bagdad (donde desde abril han surgido unos setenta partidos políticos, algunos de una sola persona), pero las informaciones que imprimen son tan contradictorias y fantaseosas que todo el mundo se queja de vivir en total incertidumbre sobre la verdadera situación.

Fui a la casa del señor Kahtaw K. Al-Ani, en el barrio de Sadea, porque me dijeron que en una vivienda contigua a la suya había habido, la noche anterior, un incidente muy violento, con varios muertos. En realidad, ocurrió cinco casas más allá. La patrulla entró rompiendo la puerta de una patada. *«This is no good, sir!»*. Y hubo un muerto iraquí. Pero ¿encontraron allí armas? ¿Recibieron a los soldados americanos con disparos? No lo sabe y tampoco quiere saberlo. El señor Al-Ani vivió tres años en Reading y guarda buenos recuerdos de Inglaterra. Era un técnico en el Ministerio de Agricultura y ahora, como a todos los funcionarios del régimen derrocado, la CPA lo ha despedido. ¿No es una gran injusticia? Él y sus compañeros de oficina odiaban a Sadam Husein y al partido Baaz, al que tenían que afiliarse a la fuerza, y se sintieron felices de que los norteamericanos los liberaran de la dictadura. Pero ¿qué liberación es ésta que ha mandado al paro, sin razón alguna, y dejado en la miseria a decenas de miles de familias que se sentían víctimas del régimen? *«¡This is no good, sir!»*. Es un hombre mayor y solemne, con los cabellos cortados casi al rape, que suda a chorros. Sus hijos le secan el sudor con servilletas de papel y a cada momento me pide disculpas porque, debido a la falta de luz, no funciona el ventilador. Antes odiaba a Sadam Husein y al Baaz, pero ahora odia a los norteamericanos. Al despedirme me muestra su automóvil: no lo saca a la calle para que no se lo roben y no se atreve a salir de su casa para que no la asalten y la quemen. *«¡This is no good, sir!»*.

La obsesión anti-israelí, largamente arraigada en el pueblo iraquí a consecuencia de su solidaridad con los palestinos, de la propaganda contra Israel machacada sin descanso en todos los años de la dictadura, y también, sin duda, del recuerdo del bombardeo israelí que en 1981 destruyó la central nuclear Osirak, que se hallaba en construcción con ayuda técnica francesa, genera desde la liberación toda clase de rumores sobre una invasión del capital judío en Irak, algunos delirantes. Al pasar frente al hotel Ekal, en la avenida Waziq, de Bagdad, dos amigos iraquíes me aseguran, señalando el grisáceo y viejo edificio, que parece cerrado: «Lo han comprado los judíos de Israel. Se están comprando toda la ciudad, a precio de saldo». En los días siguientes oiré, de varias bocas, que Israel ha obtenido de la CPA el monopolio del futuro turismo en Irak, disparate sin pies ni cabeza, pero que mis informantes creen a pie juntillas. La mañana en que, luego de recorrer la feria de libros viejos de la calle Al-Mutanabbi, estoy tomando un café en «El adalid de los mercaderes» se produce un revuelo en el local al ver los parroquianos aparecer, en la calle vecina, rodeado de guardaespaldas espectaculares —chalecos negros, anteojos oscuros de coqueto diseño, fusiles-metralletas longilíneos— un elegante caballero de florida corbata y pañuelo multicolor en el bolsillo de la chaqueta (adminículos que nadie usa en el calor de Bagdad). Todos los parroquianos del café se estremecen con un indignado murmullo: «Es el enviado de Israel». En verdad, el aparatoso personaje es el embajador de Italia. Pero las fantasías generan realidades, como saben muy bien los novelistas: unos días después de este episodio, los imames suníes de Mosul lanzan una *fatwa* amenazando con la muerte a los iraquíes que vendan sus casas o terrenos a judíos.

Tres guerras, doce años de embargo internacional y treinta y pico de años de satrapía baazista han convertido a Bagdad, que en los años cincuenta tenía fama de ser muy atractiva, en la ciudad más fea del mundo. Los centros estratégicos del poder de Sadam Husein, los ministerios y entes estatales, muchas residencias del tirano y sus cómplices, lucen sus fauces abiertas y sus vientres vaciados por el impacto de las precisas bombas estadounidenses. Y por doquier aparecen las viviendas, locales, edificios e instalaciones saqueados y quemados en el gran aquelarre delictivo que se apoderó de la ciudad los días que siguieron a la entrada de las tropas norteamericanas y que todavía no se ha extinguido. Los Alí Babás desvalijaron y dejaron en la calle, sin bienes y sin techo, a media ciudad. ¿Quiénes eran estos saqueadores? Sadam Husein, para celebrar su reelección como presidente por el cien por cien de los votos, el 15 de octubre de 2002 abrió las cárceles del país y soltó a todos los delincuentes comunes (a la vez que a la mayoría de los presos políticos los mandaba matar). ¿A cuántos soltó? Me dan cifras dislocadas, que van de treinta mil a cien mil. Esto no explica todos, pero sí buena parte de los desmanes, me asegura el arzobispo Fernando Filoni, nuncio de Su Santidad. (Especialista en catástrofes, inició su carrera diplomática en Sri Lanka, cuando los tamiles comenzaban las decapitaciones y degüellos, y estuvo representando al Vaticano en Teherán bajo los bombardeos de la guerra con Irak, «que no nos dejaban dormir»). «La falta de práctica de la libertad produce, al principio, catástrofes. Por eso, el Papa, que sabe mucho, se opuso a esta guerra. Por querer ir demasiado de prisa, Estados Unidos se encontró de pronto con algo que no previó: el vandalismo generalizado».

También es cierto que el odio acumulado contra la camarilla gobernante incitó a muchas víctimas a destrozar las viviendas de gentes del poder y todos los locales relacionados con el régimen. Pero ¿por qué las fábricas? Un experimentado industrial, Nagi Al-Jaf, con negocios en la capital iraquí y en la ciudad kurda de Suleymaniya, me cuenta que la enorme fábrica de la cerveza Farida, de Bagdad, de régimen mixto, en la que él tenía acciones, fue arrasada sin misericordia por los Alí Babás. «Entiendo que se robaran las cosas que podían consumir o vender. Pero no que destrozaran todas las máquinas y luego, como si eso no bastara, las quemaran». ¿Cuántas industrias en Bagdad fueron víctimas de estragos parecidos? Es categórico: «Todas». Le pido que no exagere, que sea objetivo. Mira largamente las estrellas del cielo de Suleymaniya y repite: «Todas. No ha quedado una sola planta industrial en Bagdad que no haya sido aniquilada de raíz». ¿Cuál es la explicación, pues? Tal vez que un pueblo no puede vivir castrado y sumido en la abyección del terror y el servilismo, como han vivido los iraquíes las tres décadas de la dictadura del Baaz (partido arabista, nacionalista, fascista y estalinista a la vez, que fundó en 1942, en Damasco, un cristiano sirio, Miguel Aflak) y los veinticuatro años de presidencia de Sadam Husein, sin reaccionar, al sentirse de pronto total y absolutamente libre, como se sintieron los iraquíes el 9 de abril, con esa explosión de anarquía, libertinaje y salvajismo que ha destruido Bagdad y dejado una herida sangrante en el alma de todos los bagdadíes.

Como no funciona ningún servicio público y no hay policías de tránsito en las esquinas, la circulación por Bagdad es un pandemonio. (La gasolina es regalada: llenar el tanque de un coche cuesta apenas medio dólar). Cada conductor va por donde le da la gana, con lo que los accidentes de tránsito son abundantes, y los atascos, enloquecedores. Pero, al menos en este ámbito, sí advertí indicios de esas famosas «instituciones espontáneas» que Hayek valora como las más duraderas y representativas, las que surgen naturalmente de la sociedad civil y no vienen impuestas desde el poder. Cuando el atasco llega al paroxismo, surgen siempre voluntarios que, armados de un silbato y de un bastón, se erigen en directores de tránsito. Y los chóferes atascados acatan sus instrucciones, aliviados de que por fin alguien les dé órdenes. Ocurre también en los barrios, donde los vecinos, abrumados por la inseguridad reinante, se organizan en grupos de vigilancia para defenderse de los atracadores, o para acarrear las basuras acumuladas en la calle hasta la esquina y quemarlas. Por eso, el transeúnte discurre por Bagdad no sólo entre escombros, ruinas, construcciones chamuscadas, altos de inmundicias y alimañas, sino entre las humaredas pestilentes con que los bagdadíes tratan de defenderse contra las basuras que amenazan sumergirlos.

Pero, acaso, lo peor de todo para los sufridos pobladores de la capital iraquí sea la falta de luz eléctrica y de agua potable. Los apagones son constantes y en ciertos barrios duran días enteros. Los vecinos quedan sin defensa contra las temperaturas tórridas, que no bajan nunca de 40 grados a la sombra y superan a veces los 50. Estar sometido a ese clima abrasador, en la total oscuridad y sin agua corriente, es un suplicio. En la vivienda de los amigos españoles de la Fundación Iberoamérica-Europa, que ha llevado 500 toneladas de alimentos, medicinas y una planta potabilizadora a Irak, donde me cobijaron mi primera semana en Bagdad, viví en carne propia las penalidades que desde hace tres meses padecen los iraquíes. La luz venía a ratos, pero a veces el apagón duraba tantas horas que era imposible cocinar, bañarse, ventilarse, y, para no abrasarse en los hornos que eran los dormitorios, mis anfitriones sacaban sus colchones al jardín, prefiriendo las cucarachas a la asfixia. La desmoralización que todo ello produce es uno de los obstáculos que tendrán que vencer los iraquíes para que su país, que sale de una de las más corrompidas y brutales experiencias de autoritarismo que haya conocido la humanidad, deje atrás esa larga noche de despotismos y violencias que es su historia, y se convierta en una nación moderna, próspera y democrática.

¿Es esto un ideal posible y realista o una quimera, tratándose de una sociedad que carece de la más mínima experiencia de libertad y que, además, está fracturada por múltiples antagonismos y rivalidades internas? ¿Es sensato imaginar a árabes, kurdos y turcomanos, a musulmanes chiíes y suníes y a las corrientes internas que los separan, a cristianos caldeos, asirios, latinos y armenios, a clanes tribales, campesinos primitivos y vastas comunidades urbanas, coexistir en un sistema abierto y plural, tolerante y flexible, de Estado laico y de sólidos consensos, que permita a los 25 millones de habitantes de la Mesopotamia donde nació la escritura y es referencia fundamental para las grandes religiones y culturas modernas, cuna de la primera gran recopilación de leyes de la historia —el código de Hammurabi—, acceder por fin a una vida digna y libre, o una fantasía tan delirante como la de los míticos antecesores de estas gentes, que quisieron erigir una torre que llegara al cielo y terminaron frustrados y extraviados en la espantosa confusión de Babel?

He venido a Irak a tratar de averiguar si estas preguntas tienen una respuesta convincente. Doce días es muy poco tiempo, desde luego, pero es mejor que nada.

25 de junio /6 de julio de 2003

Las fotos que aquí se incluyen muestran la vida cotidiana en Bagdad, inmediatamente después de la caída de la dictadura. De ellas se desprende, sobre todo, la voluntad de supervivencia de un pueblo que ha sufrido lo indecible desde hace por lo menos 35 años, los de la dictadura del partido Baaz, una de las más crueles y corruptas de la historia moderna. Sin servicios públicos, sin autoridad, sin electricidad, sin trabajo, con una ciudad devastada por los bombardeos y, sobre todo, por el desenfreno de los saqueos que desvistieron viviendas, hospitales, bibliotecas, museos, y luego los quemaron, los bagdadíes viven una prueba agónica. Y allí están, pese a todo, enteros y luchando por no dejarse derrotar por la adversidad. Las imágenes de niños y adultos, de hombres y mujeres son aleccionadoras: ni la pobreza ni el desamparo ni el luto les han quitado las ganas de vivir.

Las leyendas de las fotos son, ni qué decirlo, fantasías que tratan de recrear, inventando, las duras realidades que viven diariamente los iraquíes, y su parecido con las biografías reales de los personajes que aparecen en ellas, inexistentes o puro milagro.

Mario Vargas Llosa

Historia de Yasmin

«Tengo 13 años y me llamo Yasmin. Estoy triste por la desgracia de mi hermanito Ahmed, que tenía 12 años y era muy pegado a mí, más todavía que a mi abuela o a mi madre. Desde que nos despertábamos hasta que nos mandaban a dormir estábamos juntos, jugando, conversando o haciendo los mandados de la casa. A Ahmed le gustaba hacer el payaso y sus imitaciones nos hacían reír. 'Serás un artista de la televisión', le decía yo, y mi abuela se enojaba, porque para ella esos son oficios de descarados y viciosos.

Mi abuela es muy religiosa y de ideas antiguas. Mi madre es más moderna, pero por no enojarla muchas veces simula darle la razón. No quiero tener la vida de ellas. ¿Cuál será mi futuro? Ellas también están destrozadas por la desgracia de Ahmed. Nosotras no vimos cómo ocurrió. Ahmed estaba con tres chicos del vecindario rebuscando en el basural que se ha formado en la placita de la esquina y encontró una lata de conservas. La levantó feliz, para mostrarla a sus amigos, y la lata de conservas estalló y lo mató. Ya sólo somos mujeres en la casa. ¿Seré algún día más libre que ahora?».

Al Sarrat muestra la foto de un hermano suyo desaparecido, víctima de la dictadura iraquí de Sadam Husein.

Fotos de iraquíes desaparecidos, en la sede de una asociación pro derechos humanos que ha recogido documentos sobre la tortura y la represión durante la dictadura de Sadam Husein.

LA VOZ DE ALÁ

«Es viernes y la mezquita bagdadí de los hermanos Kadhim, la tercera más importante para nosotros, los chiíes, está repleta. El imam no ha comenzado todavía a hablar y lo que sale de ese amplificador y llueve sobre las cabezas de los fieles es la voz de Alá, el Supremo. Es decir, salen sus palabras vertidas en el Corán, del que, en espera de que hable el imam, dos clérigos nos leen versículos apropiados para las circunstancias. Por una parte, estamos bien. Ha caído el tirano y su odiado partido Baaz, que se encarnizó con nosotros, los chiíes, y asesinó a millones de nuestros hermanos. Pero, por otra, todo es incertidumbre, escasez, preocupación. ¿Qué irá a pasar? ¿Se quedarán mucho tiempo en Irak los americanos? Cuando derrocaron a Sadam Husein, la gente estaba contenta con su venida y se dedicó a derribar las estatuas del dictador. Pero, desde los saqueos, ya no. No hay luz, no hay agua, no hay policía, no hay barrenderos y, lo peor de todo, no hay trabajo. Todos nosotros esperamos con impaciencia la perorata del imam, hombre muy sabio, que nos explicará todo, nos dará las razones y nos hará ver la luz donde ahora reina la tiniebla».

EL ARTISTA DEL CORDERO

«Despellejar un cordero, desangrarlo y dejarlo listo para el horno o el asador es un oficio delicado y precioso, como el del joyero, el platero o el calígrafo. Esta destreza de mis manos para preparar a los corderos yo la heredé de mi padre y se la dejaré en herencia a mis hijos. Un cordero mal beneficiado sabe mal y no hay cocinero que le saque partido. El cordero, para convertirse en manjar, debe morir de un tajo fulminante en el pescuezo, de un tajo que no tenga tiempo de sentir, de un tajo que en un tris tras lo convierta

en cadáver. Si presiente la muerte, su carne se entristece y avina-
gra, y la comida, en vez de ser una ceremonia exquisita y feliz, se
vuelve una frustración y un entierro. Este cordero que tengo entre las manos murió creyendo que vivía y por eso su carne está
rosada y parece viva todavía. Envidio a los dichosos mortales que
esta tarde gustarán esta delicia, bien horneada y mejor sazonada
con especias aromáticas. Ellos creerán que deben ese placer a la ju-
ventud y ternura del animal. Pero lo cierto es que me lo deben a
mí, a Hussein, genial ejecutor y despellejador».

LA APUESTA

«Estamos contentos porque ganamos la apuesta y corriendo como gacelas le arrebatamos el sombrero al *marine* de la patrulla. Los otros chicos del barrio decían que no nos atreveríamos, que la idea de que pudieran dispararnos nos paralizaría de miedo. Pero no fue así. Tuvimos un poco de miedo, por supuesto. Pero nos dimos valor azuzándonos uno a otro y pensando en la admiración que nos tendrían en el barrio si lo hacíamos. Y lo hicimos. Era una patrulla de cuatro soldados americanos, en fila india. Nos acercamos sonriéndoles y con caras pedigüeñas, diciendo: '¡Dólar! ¡Dólar!'. No nos dieron dólares, pero sí, uno de ellos, una cajita de chicles. Y, cuando estaba agachándose para alcanzarme la cajita, yo estiré la mano, le cogí el sombrero y salí volando. Todos salimos volando. Se quedaron tan sorprendidos que no atinaron a hacer nada. En el barrio contamos que nos dispararon, pero que nosotros, corriendo en zigzag, esquivábamos las balas. Ahora, toda la calle nos admira y nos respeta. Este sombrero del *marine* lo guardaré siempre y, contándoles la aventura, se lo mostraré a mis descendientes».

Feria popular de libros viejos en la plaza Al Ferdaws, de Bagdad.

En el lugar donde había una estatua de Sadam Husein hay una pintada en la que se lee en inglés: «El trabajo está hecho, vuélvanse a su casa» (Bagdad).

Niño volando sobre el Tigris

«Mi nombre es Alí, pero mis amigos me dicen *El Pájaro*, porque nadie salta tan alto ni da tantas vueltas en el aire como yo antes de zambullirme en el Tigris. Si mi padre o mis tíos me vieran así, me castigarían. Me han prohibido bañarme en el río. Dicen que las aguas están infectadas con sustancias tóxicas desde la

guerra y que puedo llenarme de llagas y quedarme ciego. Yo no les creo. Además, lanzarnos al Tigris desde esta plataforma es la única diversión que nos queda. Fue una suerte que la bomba deshiciera la fábrica que había aquí, porque nos ha dejado este trampolín desde el que se avientan al río sólo los valientes como yo, Alí *El Pájaro*».

Un voluntario dirige el caótico tráfico de vehículos en un cruce de calles de Bagdad.

Tres niños viajan en el maletero de un coche que circula por una avenida de Bagdad.

El ayatolá Mohammed Bakr Al Hakim, fallecido en el atentado de la mezquita de Nayaf.

Habitantes de un barrio de mayoría chií.

LA ZAPATERÍA ES UNA FIESTA

«Antes, por el embargo, las tiendas de Bagdad estaban vacías y las pocas cosas que se podían conseguir eran de contrabando. Después de la entrada de los norteamericanos levantaron el embargo, y las tiendas y las calles se llenaron de maravillas. ¿Pero quién tiene dinero para comprarlas si toda la ciudad se ha quedado sin trabajo? Sin embargo, que haya tantas tentaciones en las vitrinas

alegra la vista y, con un poco de picardía, una puede pasar un buen rato. Mi amiga y yo hemos visitado esta tarde media docena de zapaterías y nos hemos probado decenas de zapatos, sin encontrar nunca los que buscábamos. Mañana recorreremos las tiendas de carteras; pasado, las de vestidos; tras pasado, las de joyas y relojes, y luego las de alfombras, lámparas y cacharrerías. Pese a las terribles cosas que pasan, Bagdad se está poniendo entretenida».

Niño con palomas

«Las palomas de Bagdad ya no saben volar. Están enfermas y, de pronto, en el aire se les doblan las alas y caen al suelo como bólidos. A estas dos las encontré en ese basural en el que me metí, reptando entre los alambres, a ver si encontraba algo de comer. Estaban encogidas y boqueando. Si pudiera, las cuidaría, pero no sé cómo. Si las dejo aquí, los perros que andan escarbando los basurales las destrozarán a mordiscos. Le dije al soldado ése que se compadeciera y las matara de un tiro, para que al menos no sufrieran más. Pero él no me entendió y, creyendo que le pedía dinero, me mostró sus bolsillos vacíos».

Capítulo II

Gente de Bagdad

El capitán Nawfal Khazal Aied Abdala Al-Dolame es un hombre alto, serio, escurrido, de
ademanes elegantes y cara de pocos amigos.
Estudió en la Academia Militar de Al Amiri-
ya, en las afueras de Bagdad, y desde que se
graduó pasó varios años en el Ministerio de
Defensa. Pero cuando las cosas se pusieron
bravas para el régimen fue destacado a un batallón de combatientes y estuvo en Basora, resistiendo a los soldados británicos de la coalición. Luego, su batallón se retiró hacia Bagdad
y allí, al igual que en otros cuerpos del Ejército iraquí, sus jefes decidieron que era inútil
oponer resistencia a los norteamericanos y des-
pacharon a oficiales y soldados a sus casas. En
su hogar se enteró el capitán que la CPA *(Coalition Provisional Authority)*, que preside el embajador Paul Bremer, había licenciado al casi

medio millón de hombres de las Fuerzas Armadas de Sadam Husein y que era un desempleado. Desde entonces, se gana la vida como guardaespaldas, profesión que, dada la anarquía generalizada de este país sin Estado, ni servicios, ni policía, ni autoridad y miríadas de Alí Babás, se ha vuelto muy popular.

Armado de una pistola (autorizada por la CPA) y por la módica suma de cien dólares me sigue por donde voy como una sombra. Como guardaespaldas, es de una inutilidad encantadora. La única vez que sus servicios fueron necesarios, en la mezquita del Imán Alí, en la ciudad sagrada —para los chiíes— de Nayaf, donde un creyente exaltado intentó agredir a mi hija Morgana, que con irresponsabilidad característica tomaba fotos en medio de la masa de fieles ululantes, sólo atinó a llevarse las manos a la cabeza y a lamentarse de semejante manifestación de fanatismo e incultura. Fueron otros creyentes los que salvaron la cara de Morgana del manazo que le iba dirigido. Pero el capitán de nombre interminable —Nawfal Khazal Aied Abdala Al-Dolame— a mí me cae muy bien. Sin que su cara dura de Fierabrás se altere lo más mínimo, suelta de pronto barbaridades de este calibre: «Soy musulmán de noche y de día cristiano, para así poder tomarme una cerveza helada». Lo comprendo y lo apruebo: no hay transgresión que un bípedo normal no esté dispuesto a cometer para aplacar de algún modo este infierno de 50 grados a la sombra que es la capital de Irak.

El capitán conoce muchas historias de Uday, el hijo de Sadam Husein que ha robustecido extraordinariamente la tradición según la cual los hijos de los grandes sátrapas suelen superar en iniquidades y crímenes incluso a sus progenitores. Las historias que oigo a diario sobre los vástagos del dictador iraquí me recuerdan, como una pesadilla recurrente, las que oía en la República Dominicana, sobre los hijos del generalísimo Trujillo. Pero sospecho que Uday batió incluso el récord de Ramfis y Radhamés Trujillo, por ejemplo, haciendo devorar por una jauría de perros bravos al ministro de Salud del régimen, el Dr. Raja, que era, como Sadam Husein, oriundo de Tikrit. La historia que el capitán conoce de cerca tiene como protagonista a una muchacha muy bonita, nacida en Samarra, de una familia íntima de la suya, que se ganaba la vida como maestra y cuyo nombre me oculta por pudor. Uday la vio en la calle, cuando la chica iba rumbo a la escuela. Ordenó a sus guardaespaldas que se la llevaran y cargó con ella a uno de sus palacios, donde la muchacha estuvo a su merced cerca de dos meses. Cuando la dejó partir, la familia, avergonzada, se trasladó con ella a Mosul, donde vive todavía. El capitán me asegura que la cifra de por lo menos 300 mujeres secuestradas de este modo por el psicópata criminal que era (que es, pues todavía anda prófugo) Uday Husein, es un cálculo absolutamente realista.

A pesar de no hablar árabe, yo entiendo todo lo que oigo a mi alrededor gracias al traductor de lujo que tengo: el Dr. Bassam Y. Rashid. Es profesor de la Universidad de Bagdad y dirigió en un tiempo el Departamento de Español, que tiene más de 800 alumnos. Se doctoró en la Universidad de Granada, con una edición crítica de un tratado de astrología de Enrique de Villena, que le tomó siete años de trabajo erudito y feliz. Allí nació su hijo Ahmed, quien vive todavía soñando con su infancia granadina como otros sueñan con el paraíso. En la modesta vivienda del profesor, el joven Ahmed ha convertido su cuartito en una especie de santuario, con fotos de los Reyes y lugares de España —cuya geografía e historia sabe de memoria y repite como un *mantra*— así como otros jóvenes de su edad empastelan sus paredes con artistas de cine o roqueros de moda. El profesor Bassam Y. Rashid fue misteriosamente llamado un día por Sadam Husein para que le sirviera de intérprete cuando vino a visitarlo el comandante Hugo Chávez, el demagogo que gobierna Venezuela, y estoy seguro de que de ese trabajo debe guardar anécdotas sabrosas. Pero no lo interrogo al respecto porque, conociéndolo, sé que guardará el secreto profesional más estricto y no abrirá la boca.

Porque el profesor Bassam es una de esas personas decentes que son la reserva moral de un país, a las que las dictaduras frustran y arruinan, pero que son capaces de sobrevivir con sus valores morales intactos a la vileza, al miedo, a la corrupción, a la estupidez que el tirano propaga en torno, emponzoñando hasta el aire que todos respiran. En estos doce días que hemos compartido no lo he oído quejarse una sola vez de los infinitos padecimientos de que es víctima, como casi todos sus compatriotas: la total inseguridad, la incertidumbre, la falta de luz, de agua, de autoridades, el avance terrorífico de las basuras por todas las calles y veredas, el caos reinante, la penuria económica, los atentados terroristas que se multiplican cada día, los atracos callejeros. La única vez que le vi la cara descompuesta por la tristeza fue mientras me mostraba las bibliotecas y las aulas saqueadas y carbonizadas de la Universidad donde se ha pasado la vida, en la orgía vandálica que se apoderó de Bagdad a la caída del régimen de Sadam Husein y destruyó literalmente, entre otras miles de instituciones, viviendas y locales, las cinco universidades de la capital iraquí. Pero él no se da por vencido. La libertad siempre es buena, aunque haya que pagarla cara, dice, y no pierde las esperanzas de que Irak sea un día un país libre, moderno y democrático, «como España» (son sus palabras). En su muy modesta vivienda del barrio de Al-Magreb, él y su esposa me reciben con la magnificencia de las Mil y una Noches, en la mejor tradición de la hospitalidad árabe, aunque ello les signifique, me temo, tener que ayunar luego varias lunas. Si, por casualidad, alguno de estos días las circunstancias de la vida lo traen a usted a Bagdad, procure conocer al Dr. Bassam Y. Rashid, porque hablar con él sólo unos minutos le levantará el ánimo.

Y, después, dese una vueltecita por el viejo centro de la ciudad y vaya a la Torre del Reloj, a orillas del Tigris. No para gozar del espectáculo de los jardines del antiguo edificio que fue sede del Gobierno en los tiempos de la monarquía, donde fue coronado, en 1922, el rey Faisal I. Todo eso ha sido destrozado y volatilizado por los Alí Babás. Y los saqueadores, no contentos con llevarse las ventanas, las puertas, las vigas, los fierros, las baldosas de la histórica construcción, lo que no consiguieron arrancar lo desportillaron, quebraron, desventraron y astillaron, de modo que, allí, tendrá usted la impresión de estar pisando lo que fue el epígono de un devastador terremoto. No. Peregrine usted hasta allí porque, como me ocurrió a mí, es muy posible que se dé de bruces con el simpático y afable Jamal N. Hussein, un bagdadí cuarentón, pequeñito y formal, que trabaja en la Biblioteca del Museo Nacional y saborea el inglés como si fuese azúcar. Es efusivo y estará encantado de contarle su historia. Él vivía allí, en los altos de un local contiguo a la gobernación. Cuando estallaron los saqueos, estaba en la calle y corrió hacia aquí, pensando en su departamento. Cuando llegó, acezante, los Alí Babás ya habían dado cuenta de todas sus pertenencias —sus libros, sus ropas, su música— y estaban prendiéndole fuego. Desde estos jardines vio cómo el humo daba cuenta de todo lo que no le habían robado.

Pero lo verdaderamente interesante no es esta ocurrencia banal que han compartido cientos de miles, acaso millones de iraquíes, sino que, a estas alturas de su relato, el delicado Jamal N. Hussein alzará un poco la voz y con ademanes enérgicos le hará saber que, a él, que los Alí Babás le birlaran sus cosas y le quemaran su casa no le importa tanto, que él puede sobrevivir a esa prueba. Lo que lo angustia, desespera, mantiene desvelado en las noches, y lo que lo trae aquí todos los días y lo mantiene inmóvil y suspenso en estos jardines destrozados, es su Fiat. Y entonces, agitando su manita de niño Jamal N. Hussein le dirá: «Venga, señor, venga a conocerlo». Era la niña de sus ojos, más que un perro o un familiar: una amante o un diosecillo personal. Lo limpiaba, lo cuidaba, lo mostraba a los amigos con regocijo y admiración. Y cuando usted vea los restos mortales del Fiat, en una esquina del desvestido jardín, esa madeja de fierros retorcidos y carbonizados asoleándose bajo el fuego inclemente del verano iraquí, verá que los ojitos pardos de Jamal N. Hussein se humedecen de melancolía. Le recomiendo que, en ese momento, parta. No cometa la vulgaridad de tratar de consolarlo con una de esas estúpidas frases que se dicen en los velatorios. Márchese de puntillas y deje a ese hombre triste sumido en su nostalgia.

Si está muy deprimido con lo que acaba de ver, a menos de doscientos pasos de allí, entre casas en escombros y basurales pestilentes, en una calle ruinosa que hace esquina con la angosta calle de Al-Mutanabbi, donde todos los viernes hay una abigarrada feria de libros viejos, se encuentra un atestado cafecito inmemorial de nombre sorprendente: «Café del adalid de los mercaderes». Vaya allí y le mejorará el ánimo, se lo aseguro. Sin dejarse intimidar por la espesa muchedumbre masculina que lo atesta, entre usted en el café, y, dando codazos, hienda aquella clientela y siéntese en el hueco que encuentre. Pida usted un té, un café, o una narguila, y póngase a charlar con su vecino. Si tiene suerte, le tocará conocer al abogado sin nombre con el que yo compartí un estrechísimo asiento llameante que me escaldaba el trasero. Ancho y jocundo, bañado en sudor, masticaba la boquilla de su narguila y arrojaba nubecillas de humo oloroso a tabaco mezclado con albaricoque y manzana, mientras soltaba sus amables impertinencias. Tenía unos anteojos oscuros y una gran melena negra y ondulada. Me contó que su profesión era la abogacía pero que, como, dados los últimos acontecimientos, este país se había quedado sin tribunales, sin jueces, sin leyes, y por lo tanto sin litigantes, él, después de una exitosa carrera en el foro, había pasado a ser una nulidad, una «no persona», casi una no existencia. «Imagínese, el país que dio al mundo la primera recopilación de leyes de la historia —el código de Hammurabi— es ahora un país sin leguleyos». Su sonrisita burlona mariposeaba por el abrasado local como dando por sobreentendido que eso, a alguien como él, le importaba un comino. Él, mientras estuviera aquí, rodeado de los poetas, literatos y vagos que son los parroquianos del «Café del adalid de los mercaderes», con un lento narguila en la boca, en las manos y en la cabeza, era un hombre risueño y sin problemas.

«¿Quién cree usted que gobierna Bagdad?», preguntó de pronto, manoteando en el aire y adoptando una postura de diva que atrajo la atención de todo el mundo. «¿Los norteamericanos?» Unos segundos de silencio y expectativa. Por fin, el abogado dio la esperada respuesta: «No, *habibi*. Los verdaderos dueños de Bagdad son los Alí Babás, las cucarachas, las chinches y los piojos». Una educada risita colectiva lo festejó. A los otros parroquianos, que le deben de haber oído muchas veces esos chistes, no les hizo mucha gracia.

Pero, a mí, sí. El cinismo estoico es una bocanada de civilización en estos casos, una excelente estrategia de los seres pensantes contra la desesperación.

25 de junio/6 de julio de 2003

Capítulo III

Los creyentes

El ayatolá Mohamed Bakr al Hakim tiene 63 años y estuvo 23 exiliado en Irán. Además de ser una de las más altas autoridades religiosas del chiismo, es una gran figura política pues preside el Consejo Supremo de la Revolución Islámica para Irak (CSRI), que agrupa a un número mayoritario de los musulmanes chiíes que hay en el país (el 60 por ciento de los 25 millones de iraquíes). Su regreso del exilio fue ocasión de una enorme manifestación de bienvenida. Su cara barbada y grave está por todas partes, en carteles pegados en muros, autobuses y sobre todo en los alrededores de las mezquitas chiíes. Se le considera el líder del sector más radical del chiismo, y muchos lo acusan de estar cerca del modelo iraní, es decir, de un gobierno teocrático de corte fundamentalista, monopolio de los ayatolás. Pero él lo niega de manera categórica:

«Irak no será una fotocopia de Irán ni de nadie. Cada país tiene sus particularidades. Nuestra idea es que en Irak debe establecerse un gobierno democrático en el que estén representadas todas las etnias y las minorías religiosas, pero que, al mismo tiempo, respete nuestra identidad y nuestra historia».

Es un hombre de una piel muy blanca y unos ojos muy claros, que luce sus largas barbas canas, su turbante negro y sus túnicas grises con estudiada dignidad. Me recibe en la ciudad de Nayaf, sagrada para los chiíes, pues en ella está enterrado el emir Alí, yerno de Mahoma, asesinado el año 41 de la hégira, la gran figura espiritual del chiismo. El imam Mohamed Bakr al Hakim vive con austeridad espartana y las oficinas de su movimiento son también de una sencillez extrema. Pero las precauciones que lo rodean son fastuosas.

Clérigos, guardaespaldas y ayudantes nos registran, descalzan y decomisan cámaras y grabadoras (que nos devuelven, después de comprobar que no ocultan armas ni explosivos). No hay una sola presencia femenina en la casa y Morgana debe tocarse estrictamente con el velo islámico para poder acompañarme y tomar fotos. Cuando le digo al ayatolá Al Hakim que es mi hija, él, sin mirarla, me responde con

46

sequedad: «Yo tengo seis hijas». No cometo la impertinencia de preguntarle con cuántas esposas las ha tenido. (Los chiíes, además de las cuatro esposas legítimas que autoriza el Corán, añaden una quinta —el llamado «matrimonio de placer»— permitida a los creyentes que viajan sin compañía femenina, para que no sufran de abstinencia, y este quinto matrimonio puede durar sólo lo que dura el viaje).

La víspera de recibirme, el ayatolá ha declarado —en este país en el que los atentados aumentan cada día— que es un error asesinar soldados norteamericanos y que lo que persiguen estos asesinatos los iraquíes lo podrían alcanzar de manera pacífica, mediante el diálogo. Pensé que me repetiría la misma diplomática declaración, pero me equivoqué. Con su voz pausada y acompañando sus palabras de suaves ademanes, dispara una durísima diatriba contra «las fuerzas de la coalición». En ningún momento habla de los norteamericanos o británicos, siempre «de la coalición», pero los dos sabemos muy bien a quienes se refiere.

«La liberación fue un mero pretexto. Las tropas de la coalición se han convertido en fuerzas de ocupación. Bush y Blair hicieron muchas promesas que han sido incapaces de cumplir. En el país no hay seguridad alguna y se nos ha arrebatado nuestra soberanía. Arguyeron como pretexto para la guerra las armas de destrucción masiva de Sadam Husein y han sido incapaces de encontrarlas. Tampoco han podido capturar al antiguo dictador y los suyos, a pesar de ser personas que comen, se mueven y dejan huellas a su paso. Si nos hubieran dejado actuar, nosotros los habríamos encontrado ya».

Habla sin exaltarse y sin mirarme, con sus ojos azules clavados en el vacío, y con la tranquila determinación de quien se sabe en posesión de la verdad. Sus asistentes, una media docena, lo escuchan embebidos, indiferentes al horrendo calor que ha convertido esta pequeña habitación desnuda, con solo un gran ramo de flores de plástico de adorno, en una sartén. El ayatolá Al Hakim es un hombre que rara vez sonríe, que, más que hablar, pontifica o truena, como los profetas y los dioses olímpicos. Detrás de él, acuclillado, hay un hombre que no me quita la vista, como dispuesto a saltar sobre mí si hago cualquier movimiento sospechoso. Estar tan cerca del ayatolá Al Hakim me produce una invencible desazón. Aunque, como todos los agnósticos, reconozco en mí una secreta envidia por los creyentes, cuando éstos lo son de una manera tan absoluta y terminal como el imam iraquí que tengo al frente, no puedo reprimir un escalofrío.

«La guerra no ha terminado», prosigue el ayatolá Al Hakim. «El descontento del pueblo aumenta cada día y aumentan también los actos de la resistencia contra el ocupante, algo muy grave para el futuro de Irak. Las razones de esta resistencia son varias: el incumplimiento de las promesas y las humillaciones a nuestra dignidad. Me refiero a la conducta de las fuerzas de ocupación. Matan a inocentes y son incapaces de encontrar a los verdaderos culpables de los crímenes cometidos por la dictadura. Roban de manera descarada en las casas particulares que registran, llevándose el dinero de las familias. Aprovechan que, como no hay bancos, la gente debe guardar el dinero en las casas. Además de robar, ofenden a las mujeres, las tocan, y eso hiere e indigna a nuestro pueblo. Aquí, en Nayaf, hemos hecho ya cinco manifestaciones de protesta contra estos abusos. Es verdad que también cometen atentados terroristas y sabotajes grupos supervivientes de Sadam Husein y del partido Baaz. Pero, esto, en buena parte es culpa de la coalición, pues en vez de perseguir con energía a los baazistas y sadamistas, nos desarman a nosotros, las fuerzas populares. Por eso está creciendo cada vez más la ira de los iraquíes contra los ocupantes».

En efecto, en las calles de la desangelada, ruinosa y pobrísima Nayaf, a dos horas de auto al sur de Bagdad, donde el polvo del desierto circundante levita, ingrávido, en la atmósfera, manchándolo todo de color ocre amarillento, hay, por doquier, en las paredes terrosas, además de las negras esquelas funerarias de quienes han traído a sus muertos a enterrar en esta ciudad sagrada, exaltadas alabanzas a los «Soldados del Islam» que luchan contra los infieles y Satán, muchas inscripciones y *graffiti* contra las fuerzas de la coalición. Pero ninguna menciona a los norteamericanos; todas expresan el rechazo de los creyentes «a la hegemonía extranjera», al mismo tiempo que lanzan «Mueras a Sadam y al Baaz».

La hostilidad hacia las fuerzas de la coalición y el sentimiento antinorteamericano son muy visibles entre la muchedumbre de creyentes que afluyen hacia la mezquita en grandes procesiones humanas, las mujeres embutidas en las severísimas *abayas*, túnicas y velos negros que las cubren de pies a cabeza. Muchas de ellas, además, llevan medias de lana negra y algunas hasta guantes, en una temperatura de 45 grados a la sombra. La masa de los

fieles se espesa aún más en torno y dentro de
la imponente mezquita que guarda la tumba
del emir Alí. Mi traductor, el profesor Bassam
Y. Rashid, que dirigió el Departamento de Español de la Universidad de Bagdad, debe ex-
plicar constantemente a diestra y siniestra que
no somos «americanos», pero las miradas y
gestos hostiles nos acompañan todo el recorrido. Son aún más beligerantes en el interior
de la mezquita.

Gran diferencia con lo que me ocurrió
ayer, en la principal mezquita chií de Bagdad,
la de los Hermanos Kadhim (nietos del emir
Alí) donde, por el contrario, fui recibido con
mucha cordialidad por los responsables del local, quienes, incluso, bromearon que necesi-
taban dejar una buena impresión en los foras-
teros para que desmintiéramos los rumores de
sus enemigos, que acusan a los chiíes de integristas. Esta acusación tiene mucho de injusta, sin duda. Los chiíes fueron, con los kurdos,
quienes sufrieron las peores violencias de Sadam
Husein, que era suní y se rodeó de musulmanes
de esa misma tendencia. Hay muchos chiíes
moderados, sin duda, así como hay suníes fundamentalistas. La división entre las dos grandes corrientes islámicas, en Irak, de manera
general, consiste en que el chiismo está arrai-

gado sobre todo en el sector más primitivo, los medios rurales y marginados, en tanto que los suníes proceden más bien del sector urbano y de medios más instruidos y favorecidos socialmente. Y en que los chiíes han estado siempre marginados del poder, que ha sido un monopolio suní.

La mayor pobreza y desamparo los he visto aquí, en Nayaf, y en la otra ciudad santa del chiismo, Kerbala, vecina de ésta. Los dos encargados de la seguridad de la mezquita del emir Alí, en vista del clima torvo que nos rodea —somos los únicos «occidentales» a la vista— optan por meternos a una oficina, luego de pedirnos que nos descalcemos. Allí, el responsable de la mezquita decide desasnarme y durante un buen rato me ilustra sobre la historia de los despojos del príncipe Alí. (Me ocurrió también ayer, en Bagdad, en la mezquita de los Hermanos Kadhim, donde un santón me explicó largamente que, al final de los tiempos, Cristo vendría a besar la mano de El Madi y desde entonces la fraternidad sería total entre musulmanes y cristianos). Armado de paciencia, escucho. Asesinado en Kerfa, los restos del yerno de Mahoma fueron enterrados a ocultas por los fieles. Permanecieron escondidos muchos años. Tiempo después, durante el califato de Harun Al Rachid, éste advirtió, en las cacerías de ciervos, que los perros se apartaban siempre, en actitud respetuosa, de cierto montículo. Así se descubrieron los restos del Emir. Entonces, se construyó esta hermosa mezquita que los honra.

Mientras él me instruye, yo observo el espectáculo multitudinario de los creyentes. Entran a este inmenso patio rectangular con los féretros de sus muertos en alto y los pasean alrededor de la cripta del Emir. Las masas de hombres se empujan y codean, salmodiando, rezando, vitoreando a Alá, algunos en estado de histeria paroxística. Es impresionante, sin duda, pero, para mí, muy deprimente. Las manos, los labios se alargan para tocar y besar las paredes, las rejas, las ranuras y filos de las puertas y algunos de los fieles sollozan a gritos, postrados, tocando el suelo con la frente. Alrededor de la cripta todo es masculino. Las mujeres, unos bultos oscuros, permanecen atrás, apelotonadas al fondo de todo el entorno de la mezquita, guardando una distancia mágica con los varones, únicos protagonistas de esta dramática ceremonia. Mi educador me explica que muchos de estos fieles son peregrinos que han llegado hasta aquí desde tierras lejanas —«algunos,

desde Bosnia»— y que duermen tumbados
en estas baldosas sagradas.

«¿No es lo mismo en Lourdes, en Fáti-
ma?», me tranquilizará un amigo español, aquella noche, en Bagdad, a quien le he contado la
inquietud que me produjo la visita a Nayaf,
mientras saboreamos una cerveza tibia y ácida
en la semioscuridad en que acaba de sumirnos
el último apagón. ¿Es lo mismo? Creo que no.
En los grandes centros de las peregrinacio-
nes católicas, hay todo un aparato comercial y
una explotación turística desenfrenada de la fe,
que, a la vez que la desnaturaliza y banaliza,
también la vuelve inofensiva. Aquí no hay nada
de eso: aquí la fe es pura, íntegra, desinteresa-
da, extrema, lo único que tienen en sus vidas
muchos de estos seres desvalidos y ferozmen-
te maltratados por la miseria, que rezan gi-
miendo y gritando, y ella podría ser fácilmen-
te canalizada hacia la violencia —la guerra santa
o *yihad*— por un ayatolá carismático, como
el que visito en Nayaf.

Aconsejado por amigos de Bagdad, he pedido a Morgana y a su amiga Marta, de la Fundación Iberoamérica-Europa, que no intenten
entrar a la mezquita del príncipe Alí y me es-
peren en la plaza de Nayaf, recorriendo el abi-
garrado mercado que la circunda. Pero nunca

he tenido la menor autoridad con mi hija, de manera que ella y su amiga, embutidas en unas *abayas* que se prestaron y con las que sus caras de extranjeras no engañaban a nadie, se metieron a la mezquita ¡haciéndose pasar por musulmanas afganas! Y Morgana, con la temeridad que la caracteriza desde que hacía temblar la cuna con sus pataletas estentóreas, se puso a tomar fotografías. Un exaltado creyente se le acercó y le lanzó un manazo a la cara, que la cámara fotográfica atajó. El guardaespaldas que la acompañaba se llevó las manos a la cabeza, indignado con esa manifestación de oscurantismo. Varias personas del entorno contuvieron y apartaron al agresor. Marta tuvo más suerte: en vez de una agresión, recibió, en inglés, una propuesta de matrimonio, que declinó.

En la otra ciudad santa del chiismo, Kerbala, más ancha, más respirable que la estrecha y paupérrima Nayaf, sede de dos inmensas y hermosísimas mezquitas, una de ellas sepulcro del imam Hussein, hijo del príncipe Alí, asesinado durante la invasión omaya, la hostilidad del ambiente nos obliga a cortar por lo sano la visita y alejarnos, apenados, del hermoso lugar de cúpulas doradas, paredes y zócalos de azulejos y baldosas de mármol. También en la ciudad, en los portales sombreados del mercado y en las ca-

llecitas contiguas de casas que parecen en un tris
de derrumbarse, avanzamos cercados por una
muchedumbre que nos observa con desafección
y asco. Los esfuerzos de los tres amigos bagdadíes que me acompañan para convencerlos de
que no somos americanos, sino musulmanes españoles en peregrinación religiosa, no los con-
vencen. Aquéllos acaban por sugerir que apre-
suremos la partida. Las virtudes democráticas
de la tolerancia, de la coexistencia en la diversidad, parecen ajenas a estos pagos.

Cuando le pregunto al ayatolá Al Hakim
qué piensa de lo que ocurre en el vecino Irán,
donde estos últimos tiempos se han multiplica-
do las manifestaciones de jóvenes estudiantes
que piden más libertad y más democracia al
gobierno conservador que los reprime, se es-
curre como una anguila. «Carezco de información fidedigna sobre lo que ocurre en Irán.
Si ni siquiera sabemos a ciencia cierta lo que
está pasando en otras provincias de Irak. No
me atrevo a tomar en serio lo que dicen ciertos medios de información, los de Qatar, los
de los Emiratos, o de Jordania, que sólo incitan a la violencia y al odio, de manera que sobre este tema prefiero no opinar».

Tampoco opina de manera rotunda cuando le pregunto si aceptaría un gobierno laico

para Irak. «¿Un gobierno laico quiere decir un gobierno contrario a la religión?», me replica, cortante. Le preciso que no, que este gobierno no estaría ni a favor ni en contra de la religión, que sería independiente y neutral en materia religiosa, que se limitaría a garantizar el respeto a todas las creencias.

El imam Al Hakim apenas disimula un gesto de desagrado. «El islam debe ser respetado», dice con firmeza. «Como en Pakistán, Egipto o el Magreb, que son países islámicos. Ése es el tipo de Estado que tendrá Irak».

Me ha concedido apenas media hora y se acerca el límite. Uno de los asistentes del imam me hace gestos perentorios de que me despida. Trato de llevar el diálogo a un terreno más personal y le pregunto qué sintió al pisar de nuevo Nayaf, luego de más de dos décadas. El imam es un político que nunca se distrae y responde lo que debe responder: «Siento alegría y tristeza. Alegría por volver entre los míos y por el derrocamiento del tirano, pero tristeza por los dos millones de desaparecidos que tuvimos en los años de Sadam Husein, por las fosas comunes que aparecen con los restos de los hermanos torturados y asesinados, por los sufrimientos y penalidades que sigue padeciendo ahora el pueblo iraquí».

Salí de allí convencido de que Al Hakim quisiera sin duda que el Irak del futuro se pareciera a Irán, pero sabe que el pueblo de Irak, y, sobre todo, los norteamericanos, difícilmente lo consentirían, y, político pragmático, ha renunciado por ahora a esa meta en favor de una fórmula más realista, menos teocrática: una coalición de fuerzas religiosas, políticas y étnicas en la que los chiíes que lo siguen tendrían, por su número mayoritario, la mayor representación. Pese a sus críticas subidas de tono contra los ocupantes, no me cabe duda de que, en esta etapa al menos, colaborará con la CPA *(Coalition Provisional Authority)* y Paul Bremer.

Discuto el asunto con amigos bagdadíes y españoles en un restaurante atestado de turbantes y *abayas* de Kerbala, llamado «La perla de Nayaf», dando cuenta del infaltable pollo frito con arroz, el puré de garbanzos y la ensalada de pepinillos con yogur. Un menú que me perseguirá como mi sombra los doce días de mi estancia en Irak. Morgana y Marta se han quitado los velos para comer y los parroquianos las miran de reojo, con sorpresa.

Regreso a Bagdad con el pecho oprimido y sin poder sacarme de la cabeza la imagen de esas mujeres sepultadas toda su vida —en Nayaf y Kerbala se ven niñas de muy pocos años enterradas ya en esas telas— en esas cárceles ambulantes que las privan del más mínimo confort en estas temperaturas sofocantes, que les impiden desarrollar libremente su cuerpo y su mente, símbolo de su condición ancilar, de su falta de soberanía y libertad. Ésta es la Edad Media, cruda y dura. Y si ella prevalece sobre las otras corrientes sociales y políticas de Irak, la idea de que este país pueda llegar a ser una democracia moderna y funcional en poco tiempo es ilusoria.

25 de junio/6 de julio de 2003

CAPÍTULO IV

Saqueadores y libros

Si la visita a Nayaf y Kerbala fue un retroceso al Irak medieval, la mañana que paso en la Universidad Nacional de Bagdad me encara con la versión más moderna y progresista de la sociedad iraquí. Muchachos y muchachas alternan en los patios, los pasillos y las aulas con absoluta naturalidad y muchas chicas andan destocadas y con los brazos al aire, aunque la mayoría se cubre los cabellos con el velo islámico. Lo único que todavía recuerda *Las mil y una noches* en Bagdad son los ojos de las bagdadíes. Es día de graduación y reina una atmósfera festiva y bulliciosa. Promociones enteras se fotografían bajo los árboles, con ramos de flores y sus profesores en el centro del grupo, y al son de una música alegre, desparramada por los jardines a través de parlantes, grupos de chicos bailan, cantando a voz en cuello, jaleados por las chicas. Morgana se mueve entre los bailarines, como pez en el agua, y es muy bien acogida. La atmósfera es amistosa, alegre y confiada. (Pero, a la mañana siguiente, en esta cafetería, un soldado norteamericano que conversaba con varios estudiantes fue asesinado de un balazo en la cabeza por un individuo que se fugó).

Estoy en la Facultad de Lenguas, que tiene cerca de cinco mil estudiantes, ochocientos de los cuales pertenecen al Departamento de Español. Gozan de buenos profesores, sin duda, pues invado un par de clases donde mantengo un diálogo animado, en el que participan los estudiantes de ambos sexos, con una curiosidad ávida por todas las cosas de España. En cambio, de América Latina saben poco. El local está en estado ruinoso en razón de los saqueos, pero nadie lo diría a juzgar por el excelente buen humor de los universitarios.

Los profesores acaban de cobrar sus sueldos de abril, con dos meses de atraso. Las convulsiones de estos tiempos han hecho que los salarios experimenten delirantes reajustes. Quienes antes cobraban el equivalente de 5 dólares al mes (siempre estuvieron mal pagados, pero desde la guerra del Golfo y el embargo internacional los sueldos se fueron a pique) ahora han recibido 250. Sin embargo, el rector ya les anunció que esta cantidad será rebajada el próximo mes a 165. Nadie sabe por qué estas subidas y bajadas tan arbitrarias ni tampoco cuánto durará este voluble sistema que refleja la caótica economía del país. Lo único claro es que los profesores universitarios iraquíes viven con dificultad de lo que ganan y por eso tantos se van a enseñar a Libia, Jordania o los Emiratos del Golfo, donde los salarios son altos.

Es un placer conversar con el decano de la Facultad de Lenguas, el grueso, crespo y exuberante doctor Dia Nafi Hassan, especialista en literatura y lengua rusa y experto en Chéjov y en Turgueniev. Su despacho es un horno y está prácticamente vacío, porque todo en esta universidad —y en las cinco universidades bagdadíes— fue saqueado y quemado al caer la dictadura el 9 de abril, de modo que se quedaron sin ventiladores, escritorios, sillones, ordenadores, archivadores, carpetas, libros, y entre paredes tiznadas, ventanas rotas y sin vidrios, y pasillos y escaleras desbaldosados. Acaso más grave, se quedaron también sin registros de las matrículas, calificaciones y expedientes de los alumnos, devorados por las llamas. «La Universidad de Bagdad, como todas las instituciones, ha recuperado una condición virginal», bromea el decano. Pero ese huracán de barbarie que devastó la universidad como los hunos de Tamerlán, «los hijos del Infierno», devastaron la antigua Mesopotamia en el siglo XIV indiferentes a la civilización que produjo las maravillas artísticas e intelectuales de Nínive y Babilonia, no ha hecho la menor mella por lo visto en el buen humor y el optimismo de colegas y alumnos del doctor Dia Nafi Hassan, quien, exultante, me revela que, como un anticipo de lo que ocurrirá pronto en todo Irak, la Universidad de Bagdad ya se ha encargado de poner en marcha la democracia. Hace poco hubo elecciones y aquí, en la Facultad, él fue llevado al decanato por 42 de los 52 votos emitidos. Está orgulloso de la legitimidad de su mandato. Su entusiasmo parece compartido por los demás profesores presentes.

Espera que lo que ha ocurrido aquí ocurra pronto en Irak. Que los propios iraquíes tomen las riendas, sin la tutela de «extranjeros» (léase norteamericanos). Y que éste sea un país libre y democrático, como lo son los países europeos occidentales —menciona a Francia, España e Inglaterra—, dotado de un Estado laico, tolerante con todas las creencias, y entre ellas, claro está, la del islam, que es la suya. Cuando le pregunto si no podría ocurrir aquí lo que en Argelia, donde, a comienzos de los años noventa, se convocaron las primeras elecciones más o menos libres de su historia independiente, y resultó que iban a ganar los fundamentalistas, que, luego de alcanzar el poder gracias a la democracia, habrían acabado con ésta e instalado una teocracia, el decano me lo niega, gesticulando con absoluta convicción. «Aquí nunca ganarán unas elecciones libres los fanáticos», me asegura. «Aquí la gran mayoría de los musulmanes somos personas civilizadas, abiertas, de espíritu democrático».

Yo deseo ardientemente que así sea. Pero es evidente que hay un buen número de fanáticos sueltos por ahí, pues los mismos profesores de la facultad me cuentan que algunos de los asaltantes que participaron en el saqueo y vandalismo que destruyeron este local y carbonizaron las bibliotecas —visito las de ruso y alemán, convertidas en cenizas, sin que un solo libro o revista se salvara de las llamas— y las oficinas de la facultad, dejaron también en las paredes lemas integristas maldiciendo esta casa del mal y del infiel.

¿Quiénes eran estos saqueadores que han dejado más heridas, rencores y cólera en los iraquíes que los bombardeos de la coalición?

No exagero si digo que en las decenas de diálogos, charlas y entrevistas de estos días no he
escuchado a un solo iraquí lamentar la caída
de Sadam Husein, quien claramente era de-
testado por la gran mayoría del pueblo que es-
clavizó, y que, por el contrario, todos, o casi
todos, parecen celebrarla. Ni siquiera he escuchado muchas lamentaciones por las víctimas de los bombardeos. Pero si en algo hay
unanimidad, es en abominar de los espantosos
saqueos que siguieron a la caída del dictador y
que han convertido a Bagdad y, al parecer, a
buen número de ciudades y pueblos de Irak,
en ruinas, casas desventradas y quemadas, altos de escombros por doquier, y a una inmensa cantidad de ciudadanos esperanzados con el
fin de la dictadura —fueron ellos quienes de-
rribaron las estatuas del dictador y han pin-
tarrajeado y raspado sus imágenes por doquier— en gentes que han perdido todo lo que
tenían, sus muebles, sus recuerdos, sus viviendas, sus ropas, los ahorros que escondían en
sus hogares por temor a que en los bancos se los
confiscaran. Todos se preguntan: «¿Por qué
los norteamericanos se cruzaron de brazos?».
«¿Por qué no los pararon?». Es un misterio
todavía sin respuesta. Había cientos, miles de
soldados en las calles que hubieran podido ata-

jar con energía desde un primer momento a ese enjambre enloquecido de Alí Babás que como una nube de langostas hambrientas arrasó con Bagdad y otras ciudades iraquíes, a lo largo de varios días, sin que aquéllos intervinieran. Hasta ese momento, habían sido recibidos por muchos iraquíes como libertadores, pero, a partir de los saqueos, la simpatía se trocó en frustración y hostilidad.

Una de las explicaciones para el vandalismo es la abundancia de delincuentes comunes excarcelados en Irak por orden de Sadam Husein. ¿Cuántos eran? Entre treinta y cien mil. Las cifras jamás coinciden y alcanzan a menudo extremos fantásticos, como ocurre siempre en los países que carecen de una información libre y la gente se guía por conjeturas o pálpitos. Sin duda, buena parte de los estragos provino de esas masas de delincuentes lanzados a hacer de las suyas en ese país sin ley y sin orden que Sadam Husein quiso legar a la posteridad. Fueron causados también por pandillas de agentes, torturadores y funcionarios del régimen empeñados en hacer desaparecer todo trazo de sus fechorías. Pero, también, fue inevitable que las circunstancias volvieron Alí Babás a muchos benignos ciudadanos a quienes, viéndose de pronto sin mordaza y sin censuras, en un mundo sin trabas y sin ley, se les despertó el salvaje sin frenos, ávido de violencia, que todos llevamos dentro, y a quienes el entorno incitó a dejar sentada su frustración y su protesta de la manera más feroz, o a tomarse la venganza tantas veces anhelada, la posibilidad de arreglar las cuentas pendientes con aquel vecino, colega, pariente, litigante, adversario, en tanto que el fanático vio llegada la hora de castigar a los pornógrafos y a los degenerados, a los envidiosos a vengarse de los envidiados, y, en general, a un pueblo humillado, maltratado, atemorizado y enajenado por 35 años de autoritarismo a darse un baño de brutalidad y libertinaje purificadores, como en las grandes fiestas dionisíacas que comenzaban como un canto a la felicidad y terminaban en sacrificios humanos y suicidios masivos. Todo esto es comprensible, después de todo. Pero no lo es que las fuerzas que ocuparon Irak y que habían preparado esta guerra con tanta minucia y perfección tecnológica —a juzgar por la velocidad con que fue ganada y la precisión matemática de los bombardeos— no lo previeran ni hicieran nada para conjurarlo.

Todo esto me lo explica, en su florido italiano, el arzobispo Fernando Filoni, nuncio apostólico de Su Santidad, que lleva dos años en Bagdad. Es pequeño, astuto, acerado, locuaz y experto en emergencias. En Sri Lanka y Teherán ha tenido un excelente entrenamiento para venir a este hervidero de tensiones que es Irak. «El Santo Padre estuvo contra esta guerra porque sabía lo que iba a pasar —me dice, con su boca sin labios y haciendo una mueca de lástima—; muy fácil ganarla, pero dificilísimo, luego, administrar la paz». La Nunciatura es una casa sencilla, de orden y limpieza maniáticos, un insólito remanso de paz en esta ciudad.

La dictadura destrozó literalmente a una sociedad que hace cuatro décadas había alcanzado un elevado nivel de cultura, con hospitales y universidades que eran las más modernas del Medio Oriente y profesionales a la altura de los mejores del mundo. En los cincuenta, Bagdad tenía un nivel cultural y artístico que era la envidia de sus vecinos. El Baaz y Sadam Husein acabaron con todo eso. Hubo entonces una verdadera hemorragia de médicos, ingenieros, economistas, investigadores, maestros e intelectuales a los cuatro rincones del mundo. (Mientras lo escucho recuerdo que, cuando venía a Irak, en mi escala de Ammán, un diplomático arraigado ya años en Jordania, me dijo: «Para este país, la tragedia de Irak ha sido una bendición: los músicos, los artistas, los intelectuales más destacados aquí son emigrados iraquíes»). La censura, la represión, el miedo, la corrupción y el aislamiento fueron empobreciendo culturalmente a este país hasta dejarlo en los mínimos en que está ahora. Por eso había tanta ilusión de la gente común con la liberación. Un espíritu cordial recibió a los norteamericanos, se diga lo que se diga. Pero con los saqueos y la total inseguridad que reina desde entonces, esa simpatía se ha vuelto antipatía y rechazo. «No hay que ver en ese sentimiento amor a Sadam Husein, sino odio al caos y a lo precaria que se ha vuelto la vida».

Monseñor Filoni cuenta que el miedo a los robos y asaltos, y a los secuestros y violaciones, ha creado una verdadera psicosis. Muchas familias han dejado de llevar a los niños a las escuelas, apenas salen de sus casas, y, ya que no hay policía, retienen las armas que los norteamericanos les piden entregar para defenderse de los atracos. El nuncio no parece muy optimista sobre las posibilidades de que surja de todo esto una democracia moderna en Irak. Hay muchas tensiones sociales, total inexperiencia política en el pueblo, falta de práctica democrática y demasiada anarquía en el país para que el proceso democratizador pueda llevarse a cabo en poco tiempo. En el largo plazo, quizás. Pero, muy, muy largo. Sus palabras repiten casi literalmente lo que le escuché, en Ammán, a aquel amigo: «Lo más que puede esperarse para Irak, con un criterio realista, es una democracia tutelada y relativa, a la manera de Jordania. Aquí acaba de haber elecciones y no salió ni una sola mujer elegida. Pero, por disposición de la ley, habrá seis mujeres en el Parlamento, pues se ha establecido un cupo femenino. Los islamistas sólo han obtenido el 17 y medio por ciento de los votos, un triunfo para el régimen del rey Abdalah. Pero, si no hubiera sido por una ley electoral *ad hoc*, inteligentemente concebida, que impide presentar candidatos por listas cerradas, los extremistas islámicos hubieran alcanzado un porcentaje mucho mayor. De otra parte, los jefes de tribus, que deciden el voto de masas de electores, son más machistas e intolerantes que los propios islamistas. Para mí, un sistema como éste es lo mejor que podría pasar en Irak».

Cuando le digo a monseñor Filón que amigos iraquíes me han asegurado que el caso de Tarek Aziz, católico, ministro de Relaciones

Exteriores y cómplice de Sadam Husein, no fue excepcional, que hubo muchos miembros de las comunidades católicas que simpatizaban con la dictadura, y entre ellos incluso un alto jerarca de la Iglesia, niega con la cabeza. Los católicos de Irak, me explica, un millón aproximadamente, es decir, un 5 por ciento de la población, divididos en distintas ramas —caldeos, que en su liturgia utilizan aún el arameo, la lengua de Cristo; asirios, armenios, latinos—, en los primeros años del régimen se sintieron protegidos, porque el Baaz se proclamaba laico e impuso un sistema donde coexistían todas las creencias. Pero, desde la guerra del Golfo el laicismo se extinguió. Sadam Husein utilizó el islam para ganar apoyos en los Estados musulmanes y se proclamó el portaestandarte de la fe en lucha contra los infieles enemigos de Alá. Surgió una estricta censura religiosa, el régimen alentó el uso del *hijab* o velo islámico, la situación de la mujer sufrió un duro retroceso, en la televisión y la radio se impuso como obligatorio leer fragmentos del Corán y presentar a clérigos y teólogos y, consecuentemente, la inquietud cundió en las comunidades católicas. Hubo, incluso, algunos aislados hechos de violencia religiosa que provocaron pavor. El nuncio me cita el asesinato de una monja, sor Cecilia Mouchi Hanna, de 71 años, en agosto de 2002, acuchillada por tres jóvenes que, al parecer, fueron también amnistiados cuando Sadam Husein decidió vaciar las cárceles. «Los católicos, como todas las minorías, están más interesados que nadie en que haya en Irak un sistema democrático que garantice la libertad de cultos. Pero esto no se conseguirá sin cierta autoridad y firmeza».

La primera vez que monseñor Filoni vino a Irak no había la libertad que hay ahora, pero al menos había orden y cierta seguridad. La gente, recuerda, en esta época del año, de calor tórrido, subía sus colchones a las azoteas y dormía allí, contemplando las estrellas. ¿He visto yo las estrellas del cielo de Bagdad? Le confieso que, ocupado por los asuntos terrenales, no lo he hecho. Debo hacerlo sin pérdida de tiempo, me aconseja, aprovechando esos apagones que dejan toda la ciudad en tinieblas. Allá arriba, en esa bóveda entintada, las estrellas refulgen con una fuerza y una limpieza que incitan irresistiblemente a pensar en Dios. Acaso fueron esas noches estrelladas de esta antiquísima Mesopotamia las que, en los albores de la vida, inauguraron los diálogos del hombre con la divinidad. «La leyenda dice que aquí nació Abraham, en Ur, ¿lo sabía? Acaso aquí, entre el Tigris y el Éufrates, no sólo nació la escritura, también la fe».

25 de junio/6 de julio de 2003

CAPÍTULO V

Frejoles blancos

Kais Olewi es un iraquí de 37 años, apuesto y fortachón, con una cicatriz como una culebrita en la frente, que sufre una indisposición cada vez que ve sobre una mesa un plato de esas judías blancas que los peruanos llamamos frejoles. Se debe a algo que le ocurrió hace dieciocho años, pero que permanecerá en su memoria hasta que se muera y, acaso, después.

Tenía entonces 19 años y un buen día cayó preso en una de esas redadas de estudiantes que llevaba a cabo, ritualmente, la policía política de Sadam Husein. Lo llevaron a la Dirección Central de la Seguridad (la *Mukhabarat)*, en Bagdad, y, a la mañana siguiente, antes incluso de haber empezado a interrogarlo, comenzaron a torturarlo. Era, también, una rutina. Lo colgaron de los brazos, como a un cordero para que se desangre, y, al poco rato, mientras comenzaban a hacerle preguntas, le soltaban descargas de electricidad con unos electrodos que activaba, apretando un botón, el jefe de los tres policías que compartían con Kais el estrecho sótano en penumbra. Recibía las pequeñas descargas, de manera acompasada, primero en las piernas. Luego, los alambres fueron subiendo por su cuerpo hasta alcanzar los puntos más sensibles: el ano, el pene y los testículos.

Lo que Kais Olewi recuerda de aquella mañana —la primera de muchas parecidas— no son sus presumibles aullidos de dolor, ni aquel olorcillo de carne chamuscada que emanaba de su propio cuerpo, sino que, a menudo, sus torturadores se olvidaban de él, enfrascándose en conversaciones personales, sobre sus familias o asuntos banales, mientras Kais Olewi, suspendido en el aire, medio descoyuntado y convertido en una llaga viva, quería perder el sentido de una vez, pero no lo conseguía. Al mediodía les trajeron a los tres policías su almuerzo: una fuente de frejoles blancos humeantes. Kais tiene muy presente todavía aquel tufillo sabroso que se le metía por las narices, mientras oía a los tres hombres discutir sobre cuál de los cocineros de la Dirección Central de la *Mukhabarat* preparaba mejor ese potaje. De tanto en tanto, y sin dejar de masticar, el esbirro jefe salía de su distracción y se acordaba del colgado. Entonces, como para lavar de remordimientos su conciencia profesional, apretaba aquel botón y Kais Olewi recibía el relámpago en el cerebro. Desde entonces, no puede ver ni oler los frejoles blancos guisados sin que se apodere de él un vértigo.

Kais Olewi fue condenado a prisión perpetua, pero tuvo suerte, pues sólo pasó ocho años en la cárcel de Abu Ghariib, del 87 al 95, en que, gracias a una amnistía, salió libre. Desde la caída de Sadam Husein, es uno de los ex presos políticos iraquíes que trabaja como voluntario en esta organización que visito, la Asociación de Prisioneros Libres. Ocupa una ruinosa y enorme mansión en la Cornisa de El-Kadimía, un malecón a orillas del río Tigris donde los bagdadíes, en épocas más sosegadas, acostumbraban venir a pasear en las tardes, cuando el sol, antes de acostarse, enrojecía el cielo.

Lo que ahora enrojece este lugar son los carteles con las fotos de los millares de desaparecidos en los años de la dictadura. Algunas imágenes —las de los prisioneros de caras destrozadas por los ácidos— son apenas resistibles.

Todas ellas se encontraron en los expedientes que la *Mukhabarat* guardaba de sus víctimas, buena parte de los cuales desaparecieron por desgracia en los incendios provocados. Pero la Asociación de Prisioneros Libres, que empezó a funcionar inmediatamente después de la caída de la dictadura, ha recogido en todas las dependencias policiales y de los demás organismos represivos todos los documentos relativos a la represión que no fueron destruidos. Una espesa muchedumbre atesta pasillos, habitaciones, escaleras, donde los voluntarios, en escritorios improvisados o en sus rodillas, sobre tableros de fortuna, rellenan formularios, establecen listas de nombres, cotejan fichas y tratan de atender a los innumerables vecinos —muchas mujeres entre ellos— que acuden aquí pidiendo ayuda para localizar a los padres, hijos, sobrinos, hermanos, que un día aciago, hace equis tiempo, se eclipsaron de la vida como si una magia poderosa los hubiera hecho desaparecer.

Hay otras organizaciones de Derechos Humanos que hacen un trabajo similar en Irak, pero esta Asociación es la más grande. Tiene filiales en las 18 provincias del país, con excepción de Ramadi, y, aunque escaso, recibe apoyo internacional y de la CPA *(Coalition Pro-*

visional Authority) que dirige Paul Bremer. Su función principal, ahora, es ayudar a los parientes a localizar a los desaparecidos y proveerlos de una documentación que les permita presentar querellas y pedir reparaciones al gobierno iraquí (cuando éste exista). La Asociación cuenta también con un grupo de abogados voluntarios, que presta asesoría a los familiares de desaparecidos que acuden a este local. Converso con uno de ellos, Ammar Basil, que me cuenta algunos casos espeluznantes que le ha tocado dilucidar, como el fusilamiento de un niño recién nacido, hijo de una pareja de médicos opositores a Sadam Husein a la que infligieron el suplicio de presenciar el infanticidio antes de ejecutarla también.

El vicepresidente de la Asociación de Prisioneros Libres, Abdul Fattah Al-Idrissi, me asegura que, por exagerado que parezca, el número de asesinados y desaparecidos desde que el partido Baaz dio el primer golpe de Estado y comenzó la irresistible ascensión de Sadam Husein en 1963, oscila entre cinco y seis millones y medio de personas. Es decir, algo así como el veinte por ciento de la población de Irak. «Ni Hitler tiene un récord semejante», dice. Acostumbrado a las fantaseosas cifras que escucho por doquier en boca de los iraquíes, no le digo que me parece improbable. Pero no importa, estas exageraciones son más locuaces que los datos objetivos que nunca se conocerán: ellas expresan sobre todo la reacción desesperada de un pueblo impotente frente al horror vertiginoso que se encarnizó con él y que nadie podrá nunca documentar con exactitud, sólo por vagas aproximaciones.

La represión golpeó a todos los sectores, etnias, clases sociales, religiones, pero, sobre todo, a kurdos y chiíes. Víctimas privilegiadas fueron los intelectuales —profesores, escritores, artistas—, medio por el cual Sadam Husein —un ignorante funcional, pese a sus ralos estudios de Derecho, en El Cairo, donde estuvo exiliado— sentía una desconfianza particular. El vicepresidente de la Asociación me dice que, de un estudio de 1.500 casos, se desprende «que el régimen se había propuesto acabar con todas las personas cultas del país. Porque la proporción de gente educada y con títulos entre los asesinados y desaparecidos es enorme». Aldeas, barrios enteros, clanes, familias, fueron desaparecidos en operaciones de exterminio que muchas veces ocurrían sin motivo aparente, en períodos en que Sadam Husein gozaba de dominio absoluto y de servidumbre popular abyecta, en un país enfermo de terror. Era, dice

Abdul Fattah Al-Idrissi, como si, presa de un súbito ataque de paranoia homicida, el déspota decidiera de pronto una rápida matanza como un escarmiento preventivo generado por algún pálpito o pesadilla macabra. Sólo así se explica la alucinante aglomeración de víctimas, en que aparecen sacrificadas familias enteras, en las fosas comunes que se han ido descubriendo en los últimos meses. Otras veces, las matanzas colectivas tenían un objetivo preciso: por ejemplo, arabizar enteramente la región petrolera de Kirkuk desarraigando a la fuerza a las poblaciones kurdas para reemplazarlas por comunidades suníes, o castigar a la mayoría chií por su rebelión de 1991. Todos los locales del Baaz en provincias servían como casas de torturas, pues las oficinas de la *Mukhabarat* eran insuficientes. Las torturas más frecuentes a los prisioneros eran la corriente eléctrica, arrancarles ojos y uñas, colgarlos hasta descoyuntarlos, quemarlos con ácidos y, pegoteándoles el cuerpo con algodones embebidos de alcohol, convertirlos en antorchas humanas. Cuando se informaba a los familiares de la muerte de la persona, algo poco frecuente, se le alcanzaba un parte de defunción que invariablemente atribuía el deceso a «una meningitis».

La Asociación tiene un tesoro: un testigo ocular de una de estas alucinantes matanzas, que ocurrió en Tuz, una aldea al norte de Bagdad, en el rumbo de Kirkuk. Era conductor de autobús y éste fue requisado por la policía, junto con él. Así, el chófer fue un actor pasivo de toda la operación. Circulando por distintas aldeas, vio cómo su vehículo era repletado con familias enteras, esposos acompañados de abuelos y niños, que acarreaba la policía de toda región. Con su carga humana fue dirigido por los hombres de mano del Baaz que dirigían el operativo a un descampado en las afueras de Tuz. Allí había ya miles de personas, a las que descargaban de camiones, camionetas y autobuses como el suyo, policías y militantes del partido, y a los que, de inmediato, ponían a cavar un pozo alargado en forma de trinchera. El testigo dice que él llegó allí a las cuatro de la tarde y que la ocurrencia duró toda la noche. Cuando el pozo estuvo lo bastante hondo, los policías y milicianos baazistas se pusieron máscaras antigases y le embutieron también una a él, que estaba paralizado de pavor.

A culatazos o disparos empujaron al pozo excavado a la despavorida multitud, a la vez que con ella arrojaban cilindros de gas tóxico. Al amanecer, todo había terminado. Entonces, el conductor fue despachado por los asesinos sin agradecerle los servicios prestados y recomendándole discreción. La poza ha sido localizada ahora. Es una de las muchas que van apareciendo, en todas las comarcas de Irak con, a veces, cuatro o cinco mil cadáveres cada una. «Más que fosas eran trincheras», precisa Abdul Fattah Al-Idrissi. Y, también, que en ciertos casos las víctimas no tenían la suerte de ser gaseadas, porque los baazistas preferían enterrarlas vivas.

Esas fosas que se descubren ahora atraen a miles de personas que vienen a ver si entre esos restos que vuelven a la luz a testimoniar sobre el horror del reciente pasado de Irak descubren a sus deudos desaparecidos. Una de esas parejas que desde el mes de abril recorre el país en busca de los huesos de un hijo que se hizo humo hace doce años son dos ancianos, ella muy enferma, a los que, me dice su hija, sólo mantiene vivos la ilusión de recuperar los restos de ese ser querido. Es la señora Al Sarrat, a quien visito en una frágil y humilde casa de madera, erigida sobre pilares, también en el barrio de El-Kadimía. «Mi vida son 35 años de dolor», afirma, sin llorar, con una cara que parece de esparto: dura y como disecada por la desesperación. Es una mujer sin edad, sumergida en la negra *abaya* que sólo le deja la cara al descubierto, y flanqueada por sus dos hijas, muy jóvenes, veladas también, y que a lo largo de toda la entrevista permanecen inmóviles y mudas, como estatuas trágicas. La habitación es muy modesta y calurosa, atestada de retratos, y desde las ventanas hay una vista majestuosa del Tigris.

«No podíamos respirar, orar, porque las desgracias nos caían una detrás de otra. Primero, fue uno de los muchachos más jóvenes de la familia. Era estudiante de bachillerato y firmó una lista en la que se pedía dinero para costear el entierro de un compañero difunto. Alguien mandó esa lista, que era un mero gesto de caridad, a la Seguridad. Todos los muchachos fueron arrestados y condenados a diez años de cárcel, como conspiradores. Algunos, perecieron en prisión».

Otro de los hermanos de la señora Al Sarrat era militar. Fue tres veces herido en los ochos años de la guerra con Irán. «Un héroe ¿no es verdad?». Pues un día lo detuvieron, delatado por alguien de querer fugarse del Ejército, delito que, cuando no pena de muerte, además de cárcel acarreaba que al culpable le arrancaran una oreja. La familia se enteró de esto por rumores, pues nunca recibió información alguna en sus múltiples averiguacio-

nes en centros oficiales. Nunca más volvieron
a tener noticias de él.

Poco después de esta segunda desgracia,
sobrevino la tercera. El padre fue arrestado y
desapareció en la noche de la dictadura. Tres
años después, un desconocido alcanzó a la familia un trozo de papel: «Vayan a la cárcel de
Abu Ghariib», la cárcel de las afueras de Bagdad escenario de las peores torturas y asesinatos políticos. Allí estaba su padre, al que pu-
dieron visitar cada cierto número de meses, por
pocos minutos. Lo soltaron seis años después,
tan misteriosamente como lo habían captura-
do. Nunca le dijeron por qué lo detuvieron.

Finalmente, le tocó al hermano menor,
que desapareció cuando el levantamiento chií
de 1991, aplastado por el régimen en una orgía de sangre. Fue soldado durante la guerra
en Kuwait. La última vez que alguien lo vio estaba de servicio, en uniforme, en Nayaf. Desde entonces no han sabido nada de él y es a este desaparecido al que los padres de la señora
Al Sarrat buscan, en su peregrinaje doloroso,
por las fosas comunes que se descubren dis-
persas por la geografía de Irak.

Al despedirme, medio aturdido por ese baño de sufrimiento y salvajismo que ha sido mi
mañana, en vez de hacerle a la señora Al Sarrat

la venia consabida con la diestra en el corazón, le alargo la mano. Ella me mira, alarmada.

Como si no hubiera tenido ya bastante de barbarie, en la tarde, en el hotel Rimal, en el que he venido a refugiarme traicionando la hospitalidad de los amigos de la Fundación Iberoamérica-Europa por unas miserables horas de aire acondicionado que por fin me permiten dormir algo, tengo una conversación con una funcionaria de la oficina de las Naciones Unidas, que acaba de sumirme en la depresión, y que, estoy seguro, me deparará esta noche una pesadilla. Me refiere una investigación hecha por America's Watch, todavía sin hacerse pública y a la que ella ha tenido acceso, sobre el tema de las violaciones y raptos de mujeres cometidos en Bagdad desde que se desató la anarquía, el 9 de abril. Éste es un tema tabú porque, para la moral tradicional, una mujer violada es en la sociedad iraquí un baldón que deshonra a toda su familia y, en vez de compasión y solidaridad, merece repudio y odio. Ella ya sabe que su vida ha terminado, que nunca contraerá matrimonio, y que en su propia casa será objeto de exclusión y escarnio. Para lavar la afrenta, no es raro que el padre o alguno de los hermanos le dé muerte. La justicia fue siempre considerada con estos medievales «asesinatos cometidos para lavar el honor» y sus autores recibían sentencias simbólicas, de apenas tres o cuatro meses de cárcel. America's Watch ha reunido 25 testimonios de niñas, jóvenes y mujeres secuestradas y violadas en Bagdad por los forajidos y que, por razones obvias, se resisten a denunciar el delito de que han sido víctimas. No sólo porque ahora no hay policías y tribunales que funcionen, sino, sobre todo, porque, aun cuando los hubiera, los trámites y humillaciones infinitas que debieron sufrir las heroicas mujeres que se atrevieron a hacerlo en el pasado, no consiguieron resultado práctico alguno. Sólo exponerlas al desdén y a las vejaciones de la opinión pública y a la hostilidad aún mayor de la propia familia. Por eso, según el informe de America's Watch, las niñas y mujeres violadas tratan desesperadamente de ocultar lo que les ocurrió, avergonzadas y con remordimientos, como si, en efecto, ellas fueran las únicas culpables de su desgracia.

Ahora comprendo mejor por qué, en las puertas de la Universidad de Bagdad que visité ayer, había tantas madres de familia esperando a sus hijas para llevarlas de vuelta a su casa, como si fueran niñitas de parvulario.

25 de junio/6 de julio de 2003

Capítulo VI

«Otelo» al revés

El dramaturgo, periodista, militar, artillero, *bon vivant* y optimista a machamartillo Ahmad Hadi, es alto, fuerte, simpático y, con su exuberante anatomía, parece enjaulado en los estrechos cuartos de la casa donde ha instalado su redacción el periódico *Azzaman (El Tiempo)*. Comenzó a editarlo, en su exilio de Londres, un célebre periodista de la oposición iraquí a la dictadura, Saad Al-Bazaad, desde que rompió con Sadam Husein en 1991, a causa del primogénito del déspota, el inefable Uday, encargado entre otras innumerables tareas (además del Comité Olímpico, la Asociación de Fútbol, el periódico *Babel* y muchas otras cosas) del Sindicato de la Prensa. Gracias a la caída del régimen, el diario tiene ahora cuatro ediciones: en Londres, en los emiratos árabes, en Basora y ésta de Bagdad. Comenzó a aparecer aquí en la capital el 27 de abril y tira ya 60.000 ejemplares. Dentro de la frenética proliferación de periódicos que aparecen en Irak desde el 9 de abril, *Azzaman* es, según opinión general, el más consultado, tal vez el más influyente. Lo producen 45 periodistas —15 de ellos mujeres— que caben a duras penas en esta casita apretada donde apenas respiramos, porque los cortes de corriente apagan los ventiladores a cada rato y nos sumen en el sudor, las palpitaciones y el agobio. Pese a ello, todo en el ambiente respira energía, diría incluso que alegría, y los redactores que entran y salen o se afanan sobre los ordenadores —casi todos jóvenes— son muy amables.

Bañado en sudor y todo, el jefe de la redacción de *Azzaman* no pierde su entusiasmo, ni su risueña manera de pasar revista a su agitada vida. Su vocación era el teatro y eso es lo que estudió, graduándose en la Escuela de Arte Dramático de Bagdad con un estudio, adaptación y montaje de *El enfermo imaginario*, de Molière. Se disponía a iniciar una carrera de actor y director teatral pero el régimen decidió algo distinto y lo incorporó al Ejército, en el arma de la artillería, donde lo retuvo once años, ocho de los cuales se los pasó combatiendo en la enloquecida guerra contra Irán que desató

Sadam Husein, y que dejó un millón de muertos. Ahmad Hadi, que era ya capitán de artillería, colgó el uniforme y se disponía a volver a su viejo amor, las tablas, cuando estalló la Intifada chií contra la dictadura, de 1991, en la que participó activamente. Luego del fracaso del levantamiento, cuando las matanzas de castigo, consiguió escapar por la frontera de Arabia Saudí. Mientras estaba en el exilio, el régimen, en represalia por su rebeldía, le quemó sus dos casas, con todo lo que había adentro. Todo eso me lo cuenta muerto de risa, como si el asunto tuviera gracia o como si la víctima de aquellas desventuras fuera alguien que detesta.

Acaso su felicidad tenga que ver con que Ahmad Hadi ha podido ahora, por fin, ya en la cuarentena, materializar su siempre viva y tantas veces frustrada vocación teatral. Su obra *Que se obedezca al demonio*, de la que se dieron cuatro representaciones en un escenario natural, entre los escombros de Bagdad, ha sido un éxito monumental y me han hablado de ella, con grandes elogios, muchos iraquíes. Participaron en el elenco nueve actores y una actriz, que hacía también de bailarina, y los actores aparecieron maquillados con las cenizas de los incendios que el transeúnte encuentra desparramadas por doquier en las calles de la ciudad.

Oír al robusto, sudoroso, gesticulante Ahmad Hadi explicarme su obra es, casi, estoy seguro, tan estimulante como verla. La describe
con animación, ademanes, jocundas carcajadas
y secándose los chorros de sudor que le em-
papan la cara y la camisa. La obra es una re-
creación del *Otelo* de Shakespeare, una obra
que, me asegura Hadi, parece escrita teniendo en mente la tragedia iraquí, porque calza
en ella como un guante. Además, hay otras
coincidencias, verdaderas premoniciones del
bardo isabelino. Otelo, leído al revés, de derecha a izquierda, como se lee en árabe, produce
en esta lengua un sonido parecido a «Leota»,
que quiere decir «Que se le obedezca». Mi traductor, el profesor Bassam Y. Rashid, que es
lingüista, se enfrasca en un diálogo filológico
con él, y por fin admite que es así: «Que se
obedezca», en efecto. Lo del demonio lo aña-
dió el propio Ahmad Hadi; aunque, me dice,
la presencia infernal está sobreentendida en la
idea de que una sociedad «obedezca» a una
fuerza irracional y destructora. El mundo de
celos, odios desatados, rivalidades, envidias,
crímenes, traiciones, fue el clima en el que
transcurrió la vida en los palacios del déspota.
La traición de Yago, me asegura, es simbóli-
ca de la perfidia del Jefe de Estado Mayor de

Sadam Husein que, por celos, entregó Bagdad a las fuerzas norteamericanas sin dejar que los soldados iraquíes combatieran. No tiene la menor duda: su versión de *Otelo* representa lo que ha vivido Irak todos estos años y por eso los bagdadíes se sintieron tan identificados con la obra.

Es la única vez, en nuestra conversación, en que el optimista Ahmad Hadi dice algo que pudiera tomarse como una velada crítica a las fuerzas de la coalición. En todo lo demás, su visión de la actualidad iraquí transpira confianza y reconocimiento. «Soy optimista por una razón muy simple: peor que Sadam Husein no puede haber nada. Después de esa experiencia atroz, sólo podemos ir para mejor».

Él cree que una vez que la CPA *(Coalition Provisional Authority)* anuncie el Comité de Gobierno iraquí, en el que, está seguro, estará representado todo el espectro político del país y conformado por personalidades de prestigio, la confianza de la población renacerá, se impondrá el orden ciudadano, se restablecerán los servicios e irán desapareciendo la incertidumbre y la inseguridad que reinan ahora. El gran anhelo de los iraquíes, está convencido, es vivir en paz, sin odio, sin violencia, y construir una democracia moderna, tolerante, laica, pluralista, a la manera occidental. Eso es lo que *Azzaman* promueve y practica en sus páginas, donde se expresan distintas opiniones, sin ninguna clase de trabas. Incluso entre los sectores religiosos más politizados, suníes o chiíes, prevalecen —ahora— no los extremistas sino los moderados, dispuestos a hacer un esfuerzo por coexistir y, sobre todo, para que no vuelva a repetirse la pesadilla del baazismo.

El pueblo no olvidará nunca estos 35 años. De recordárselo se encargan sobre todo las fosas comunes que siguen apareciendo en todas las provincias de Irak con los cadáveres de los desaparecidos, torturados y ejecutados. Las cifras que me da, con seguridad enfática, superan incluso a las que me dieron en la Asociación de Prisioneros Libres. Me producen vértigo. Sé que en ellas hay más de ficción que de realidad, pero, aun haciendo las rebajas más drásticas, el resultado es espantoso. Cada vez que escucho de boca de los iraquíes testimonios sobre los horrores de Sadam Husein la memoria me regresa a la República Dominicana y a las cosas que ahí oí sobre las hazañas del generalísimo Trujillo.

Ahmad Hadi asegura categóricamente que la cifra de ocho millones de víctimas de la tiranía del Baaz es perfectamente realista, pese a mi cara de incredulidad. Le digo que no importa si exagera. Yo no he venido a Irak a escuchar sólo las verdades, sino también las ficciones en que creen los iraquíes, pues las mentiras que se inventa un pueblo expresan a menudo una verdad muy profunda y son tan instructivas para entender una dictadura como las verdades objetivas. Él insiste que esa montaña de ocho millones de cadáveres está cerca de la verdad histórica. Y añade que basta hacer un cálculo con los cadáveres de las fosas comunes que han aparecido desde abril: hay por lo menos tres en cada provincia de Irak, y en una sola de ellas, en Babilonia, yacían unos 115.000 cadáveres. Le digo que ésa es la ciudad de asesinados más grande que he oído, después de las carnicerías nazis del Holocausto. Él insiste en darme más estadísticas del horror: en la ciudad de Shanafia, de apenas 20.000 habitantes, se han contado ya cerca de 85.000 restos humanos víctimas de la vesania homicida del Baaz y Sadam Husein. ¿Cómo, después de un pasado donde se perpetraron horrores tan vertiginosos, no mostrarse esperanzados con el futuro, pese a los apagones, a la falta de agua, a la anarquía y la inseguridad? Ahmad Hadi reclama sanciones ejemplares para Sadam y sus hijos [Uday y Qusay murieron en un enfren-

tamiento con tropas de Estados Unidos el 22 de
julio, con posterioridad a que fuera recogida esta declaración] y cómplices, pero no es parti-
dario de que sean llevados a un tribunal internacional. Deben ser juzgados aquí, por tribunales
y jueces iraquíes. Será un ejemplo que vacuna-
rá a Irak para siempre contra las dictaduras.

Le pregunto si se puede decir que, hoy,
hay en su país libertad absoluta para escribir
y publicar. «Libertad absoluta, como no la ha
habido nunca en la historia de Irak». E, incluso, en el ámbito económico, quienes tienen trabajo deben reconocer que su situación
ha mejorado (el caso de los desempleados, la
mayoría del país, es distinto, desde luego). Por
ejemplo, los periodistas, en tiempos de Sadam
Husein, ganaban unos diez mil dinares men-
suales (el equivalente de cinco dólares). Ahora ganan el equivalente de 200 dólares. ¿No
es una gran mejora? Me dice que él, por ejemplo, con su primer sueldo de 200 dólares corrió a comprar el repuesto que tenía a su ne-
vera inutilizada hacía dos años. Su mujer, en
cambio, maestra de escuela, se gastó su primer sueldo a la liberación comprando una
antena parabólica que les permite ahora ver
estaciones de televisión de todo el mundo.
¡Y está feliz!

Ahmad Hadi es del sur, de la región encuadrada por las ciudades místicas chiíes de Nayaf y Kerbala. Me invita a su casa —lo hacen siempre los iraquíes, apenas lo conocen a uno, algo que me recuerda la hospitalidad latinoamericana— a conocer su bella tierra. Pero él no está pensando en la mística chií ni en los efluvios sagrados del lugar, sino en cosas más materiales. «Entre Nayaf y Kerbala se produce el mejor arroz de todo el Medio Oriente», se exalta. «Venga, venga y le prepararé un manjar que no olvidará el resto de su vida».

Las carcajadas brotan de su enorme cuerpo, de tanto en tanto, como uno de esos alaridos con que se animan los guerreros antes de entrar en la batalla. «Cómo no van a estar mejor las cosas en Irak», exclama. «Antes yo tenía que beber ese alcohol venenoso que se vende a granel ¡y ahora bebo malteado escocés!».

Hace bien hablar con alguien como el periodista y dramaturgo Ahmad Hadi, convencido de que, inclusive en el problemático y destrozado Irak, la vida merece ser vivida. Salgo del periódico a hacer un recorrido por el centro de Bagdad y tengo la sensación de andar por un mundo conquistado por el desierto circundante, que ha manchado color de tierra las fachadas de los edificios, las plazas y los árboles, los monumentos públicos y hasta las caras y los vestidos de las gentes. Los corpúsculos resecos flotan en el aire y penetran en la boca y las narices del transeúnte, impregnándolas de sabor arenoso. En la plaza Al Ferdaws (El Paraíso), donde estuvo la estatua titanesca de Sadam Husein que los televidentes de todo el mundo vieron derribar el día de la entrada de las fuerzas de la coalición, hay ahora una inscripción con pintura negra, dirigida a los norteamericanos en inglés idiosincrásico: «*All done / Go home*» (*El trabajo está hecho / Vuélvanse a su casa*).

En mis espasmódicas lecturas de estas últimas semanas, para hacerme una idea siquiera leve del país donde iba a venir, aparecía siempre mencionada la calle de Al Rachid, que fue en los años cuarenta y cincuenta la gran arteria comercial del centro de Bagdad. Engalanada con las tiendas y joyerías más lujosas, con ella soñaban y a ella venían a hacer sus compras las familias prósperas de todo el Medio Oriente. El alma se me cae a los pies cuando la recorro, esquivando basurales hediondos, restos que escarban perros macilentos, despojos y ruinas. Hace falta imaginación para divisar las antiguas mansiones de los poderosos y las extintas tiendas elegantes de lo que fue Bag-

98

dad hace medio siglo en estas construcciones desfondadas, cojas, tuertas, mancas, saqueadas y quemadas —se diría un decorado de teatro, en efecto—, a punto muchas de ellas de desmoronarse sobre los puñados de vecinos que, bajo los portales y columnas, sentados en banquitos o en el suelo, impávidos al desastre, conversan mientras van vaciando en el platito que lo sostiene el vaso de té caliente, y sorbiéndolo a poquitos.

Pero una transversal de la calle Al Rachid es la callecita Al-Mutanabbi, donde todos los viernes en las mañanas hay una feria popular de libros viejos. Dos veces he estado allí y las dos me he sentido estimulado y contento, entre esa abigarrada muchedumbre que curiosea, pregunta, compra o vende esos libros y revistas tan viejos algunos que sus páginas se deshacen en los dedos cuando uno los hojea. La callecita es angosta, en escombros, de tierra, pero cálida y hospitalaria, y escenario de un activo comercio. En esta ciudad hay muchos lectores, es evidente. Algunos deben ser de clase media pero la mayoría son muy pobres, y de todas las edades. Hojean con avidez los viejos infolios religiosos, miran asombrados las revistas con bailarinas semidesnudas en la carátula o señalan los titulares de los viejos perió-

dicos. Hay grandes fotos, de ayatolás e imames
que fueron asesinados o exiliados, y también
de políticos, de revolucionarios, folletos comunistas, y muchos libros de poesía. En uno
de los puestos, encuentro las memorias de Ne-
ruda, *Confieso que he vivido*, traducidas al per-
sa y publicadas en Teherán.

Cierro el día en uno de los pocos restaurantes que siguen abiertos en Bagdad, *The
White Palace*, donde espero poder emancipar-
me del maldito pollo frito por el que he con-
cebido una inquina totalmente injusta. En efecto, la especialidad de este lugar es el *Cusi*, un
cordero sazonado con especies y arroz blanco.
Un verdadero manjar, me aseguran. Pero no
puedo acompañarlo con el vaso de cerveza helada que convenía porque el local no vende bebidas alcohólicas. Los amigos que me acompañan se sorprenden: bebieron cerveza aquí
mismo, hace pocos días. La explicación es que
fanáticos religiosos han empezado a exigir bajo amenazas de muerte a los dueños de restaurantes que impongan la ley seca. No importa, incluso con agua —como exclamaría
Ahmad Hadi chupándose los dedos— ¡el *Cusi*
es de veras delicioso!

25 de junio/ 6 de julio de 2003

CAPÍTULO VII

Los kurdos

Viajar de Bagdad al norte, hacia el Kurdistán iraquí, es cambiar de paisaje, de lengua, de cultura y, en estos días, además, de escenario urbano. Luego de unas cuatro horas de viaje en coche, por un desierto plano y calcinado, con aldeas de beduinos y esqueletos de tanquetas y camiones militares diseminados aquí y allá, se divisan las montañas, que comenzamos a trepar una hora después, ya en pleno territorio petrolero, a la altura de la ciudad de Kirkuk. Cuando uno deja atrás esta ciudad, rumbo a Suleymaniya, la ruta se empina y las laderas se cubren de verde, de pinares y pequeñas quebradas con sembríos en los que trabajan unos campesinos de rostro curtido y mirada intemporal. Nadie diría que hubo una guerra por aquí.

Y todavía menos en Suleymaniya, simpática ciudad de calles anchas, arboladas, limpias, con policías de tránsito en las esquinas, muchachas vestidas a la occidental, cafés-Internet por doquier, McDonald's y un verdadero bosque de antenas parabólicas sobre los techos de las casas. Sabía que aquí la guerra apenas había llegado, pero no esperé jamás encontrarme con un espectáculo de semejante normalidad. Tampoco con carteles de agradecimiento al presidente Bush por «la liberación de Irak» y de bienvenida a Paul Bremer, el procónsul, que acaba de estar de visita aquí para entrevistarse con los miembros de uno de los dos gobiernos kurdos que se han dividido el Kurdistán iraquí. El de Suleymaniya pertenece al Partido Unión Patriótica del Kurdistán, de Jalal Talabani; el otro, cuya capital es Irbil, más al norte, es dominio del Partido Democrático del Kurdistán, de Masud Barzani. La feroz rivalidad entre ambos partidos, con su violencia fratricida —en los combates de 1994 entre ambas comunidades hubo más de tres mil víctimas—, ha aumentado el infortunio de los kurdos, el 20 por ciento de la población iraquí (algo menos de cuatro millones). Fueron víctimas sistemáticas de la dictadura de Sadam Husein, que se encarnizó contra ellos, sobre todo durante las rebeliones que intentaron en 1975, 1988 y 1991, pidiendo mayor autonomía o resistiendo la arabización forzosa de aldeas kurdas que llevó a cabo el régimen, desalojando o masacrando a los nativos y reemplazándolos con árabes suníes. Millares de kurdos fueron gaseados con sustancias tóxicas en 1988, en operaciones de exterminio en que desaparecían poblaciones enteras —niños, mujeres y ancianos incluidos—, hasta la matanza de Halabja, en marzo de ese año, en que más de 4.000 kurdos fueron liquidados con armas químicas.

Pero, caminando por las calles de Suleymaniya, se diría que todo aquello pertenece a un pasado remotísimo. No se ven soldados norteamericanos por ninguna parte («Están vestidos de paisano, en los cafés y restaurantes, confraternizando con los vecinos», me dirá Shalaw Askari, el ministro de Relaciones y Cooperación de Jalal Talabani) y los únicos soldados visibles son los *peshmergas* (combatientes) locales, uniformados con los pantalones bombachos, los barrocos turbantes que parecen inspirados en los autorretratos de Rembrandt y los largos tejidos estampados que llevan enrollados en el cuerpo a modo de cinturones.

El Kurdistán iraquí ha aprovechado muy bien los doce años de autonomía total que impusieron los aliados luego de la primera guerra del Golfo a esta región, permitiendo el funcionamiento de gobiernos regionales y estableciendo una zona de exclusión adonde no llegaba la autoridad de Sadam Husein. Además de tener, gracias a ello, por primera vez en su historia, un gobierno propio, los kurdos han disfrutado de una prosperidad económica notable, que se advierte en las construcciones, los bien provistos almacenes y tiendas donde se exhiben artículos procedentes de medio mundo y muchedumbre de parroquianos en los cafés, puestos de refrescos y restaurantes esparcidos por toda la ciudad. Sin embargo, no hay un solo kurdo que le diga al forastero de paso por Suleymaniya que la aspiración de la comunidad es la independencia. Todos han aprendido la lección y repiten, como una consigna, que desean seguir siendo parte de un Irak democrático y federal que les garantice esta autonomía que les ha venido tan bien. Son muy conscientes de los temores que despierta la sola idea de un Kurdistán independiente en la vecina Turquía, cuyos doce millones de kurdos viven en perpetua tensión con el poder central.

Todo esto me lo explica, en perfecto inglés —ha estudiado en Estados Unidos e Inglaterra—, el joven y dinámico Shalaw Askari, ministro de Relaciones y Cooperación, que me ha recibido en vez de Jalal Talabani, con quien tenía la cita, pero que ha debido partir de improviso a Moscú. En el pasado la Unión Patriótica del Kurdistán fue marxista y recibió ayuda de la URSS, pero ahora es pro capitalista y aliada militante de la coalición, con cuyas fuerzas colaboraron estrechamente los *peshmergas*, gracias a lo cual esta región salió prácticamente indemne de la invasión.

«Para nosotros, los norteamericanos son nuestros amigos, los libertadores de Irak, y les estamos agradecidos por haber derrocado al tirano Sadam Husein», me dice Askari. Ahora conversamos con naturalidad, pero, hace unos momentos, cuando yo ingresé a esta sala y me encontré al ministro de Relaciones y Cooperación esperándome rodeado de asesores y de empresarios privados que colaboran con él, me quedé desconcertado. ¿Por qué tanta gente? Por un monumental malentendido. Shalaw Askari y su entorno esperaban a alguien que podía invertir, de inmediato, sumas considerables en la reconstrucción y desarrollo del Kurdistán de Jalal Talabani. Con lujo de detalles y de manera persuasiva me explicaron que las urgencias mayores eran un hospital de 400 camas, para el que el Gobierno ya tenía el terreno y los planos de construcción (estaban a mi disposición) cuyo costo no superaría los 40 millones de dólares y un camal para Suleymaniya, calculado en apenas 14 millones. Con verdadero dolor de corazón tuve que aclararles que no estaba en mis manos asumir semejantes inversiones, porque yo, que no representaba a nadie, era apenas un escribidor suramericano averiguando qué pasaba en Irak. El joven ministro palideció, tragó saliva y —¡qué le quedaba!— sonrió.

«Los kurdos hemos aprendido la lección», me dice, «y por eso, ahora, en vez de recordar el martirio de nuestro pueblo bajo la dictadura, o las desgraciadas querellas intestinas que tanto daño han hecho a nuestra causa en el mundo, queremos trabajar, colaborar y contribuir al establecimiento de un Irak democrático y libre donde podamos coexistir en paz con todas las otras comunidades. Esa convivencia es ya un hecho, desde hace doce años, en el Kurdistán. Los turcomanos, por ejemplo, ¿no son acaso respetados? ¿No funcionan aquí sus publicaciones, sus organizaciones políticas, con la más absoluta libertad? Ocurre exactamente lo mismo con los chiíes, los suníes, los cristianos y demás religiones. Hay sitio y trabajo para todos. Somos una prefiguración de lo que deberá ser Irak en el futuro».

Cuando le pregunto si la Unión Patriótica del Kurdistán integrará el Consejo de Gobierno que está formando Paul Bremer, me asegura que sí: es un tema que ha quedado claro durante la reciente visita del jefe de la CPA *(Coalition Provisional Authority)*. (Y, en efecto, días después de esta entrevista, cuando en Bagdad se presente el flamante organismo encargado de conducir el país hacia un sistema democrático y federal, figurarán en él, de manera prominente, tanto Jalal Talabani como su adversario Massud Barzani).

«La palabra clave para la pacificación de Irak es trabajo», afirma el ministro Askari. Es fogoso, optimista, muy delgado, y habla también con las manos, como un italiano. «El fanatismo islamista, por ejemplo, se reduciría drásticamente si tantos desempleados empezaran de una vez a trabajar y a ganar un salario. Cuando se está ocioso es posible ir cinco veces al día a la mezquita y vivir mentalmente prisionero de lo que allí se predica. Si uno trabaja ocho horas, más las idas y venidas y el tiempo dedicado a la familia, la religión ya no puede seguir siendo la única ocupación de la vida. Aparecen otras cosas igualmente importantes. Y ciertas telarañas de la cabeza se deshacen y se adoptan entonces ideas más modernas».

Según él, la violencia que se ha desatado contra las fuerzas de la coalición —los atentados y emboscadas dejan a diario uno o dos soldados norteamericanos muertos— no son sólo obra de los rezagos de las fuerzas represivas y la Guardia Republicana de Sadam Husein; también de comandos extranjeros enviados por Al Qaeda, la organización terrorista de Osama Bin Laden e, incluso, de terroristas venidos de Irán, que obedecen a los sectores clericales más conservadores del país vecino. «Éstos temen más que nadie en el mundo el establecimiento de un Irak democrático. Por otra parte, creen que tarde o temprano, Estados Unidos irá por ellos. Y han decidido que la guerra comience de una vez en territorio iraquí». Pero, está convencido, apenas se institucionalice el país, la coalición y las autoridades iraquíes aniquilarán rápidamente la resistencia terrorista.

Su ideal es transparente: un Irak de profesionales y de técnicos, integrado al mundo, emancipado de los dogmas políticos o religiosos, que atraiga capitales de todas partes para desarrollar los gigantescos recursos del territorio, en el que la libertad y la legalidad asegurarán la convivencia, y en el que la empresa privada será el motor del desarrollo. Me señala a los empresarios que lo acompañan. Ya se han puesto a trabajar, pese a la precariedad del momento, y a las dificultades que entraña para cualquier operación financiera la incertidumbre, el vacío legal y el hecho de que no haya bancos todavía, ni siquiera una moneda común para todo Irak, pues aquí, en el Kurdistán, no circulan los dinares con la cara de Sadam Husein del resto del país, sino otros, de una emisión anterior. (Pero la verdad es que la dolarización de la economía es veloz). ¿Se puede hacer negocios e inversiones en un desorden semejante? Uno de los empresarios, el exuberante y cordialísimo Nagi Al Jaf sonríe, triunfante: «Para mañana esperamos a una delegación de banqueros suizos a los que hemos casi convencido de que abran un banco en Suleymaniya». El ministro me recuerda que el capital acude siempre donde puede efectuar inversiones rentables y condiciones estables y atractivas. «Aquí tendrán ambas cosas».

La locuacidad del ministro Askari se atenúa cuando le pregunto si es verdad que tanto Jalal Talabani como Massud Barzani han prometido a Paul Bremer, quien habría venido a entrevistarse con los dos hermanos enemigos con este objetivo principal, integrar sus dos gobiernos, el de Erbil y el de Suleymaniya, en uno solo, de modo que los kurdos tengan una sola voz representativa en el futuro gobierno iraquí. «Estamos colaborando entre nosotros y las asperezas y las viejas rencillas se van limando poco a poco. La voluntad de unión existe. Sólo es cuestión de tiempo». Es el único momento de la larga entrevista en la que tengo la impresión de que el amable ministro me cuenta un cuento oficial.

En cambio, estoy convencido de que cree a pie juntillas lo que me dice sobre el deseo de los kurdos de tranquilizar a Turquía, quitándole de la cabeza el temor de que la meta de Talabani y Barzani sea un Kurdistán independiente, algo que el Gobierno turco ha dicho de manera categórica que no tolerará. «En eso, todos estamos de acuerdo: no luchamos por la secesión, queremos formar parte de un Irak que respete nuestros derechos». Y, como quien no quiere la cosa, hace un comentario sibilino: «Qué manera de meter la pata la de Turquía, ¿no le parece? Teniendo la oportunidad de recibir 40.000 millones de dólares de Estados Unidos por permitir el paso de las fuerzas de la coalición que venían a liberar a Irak, la rechazaron. ¿Bastante estúpido, verdad? Y, además del dinero, perder de paso a un amigo tan poderoso. Allá ellos».

Al salir de la reunión el empresario Nagi Al Jaf me lleva a un lugar que, me asegura, «es

paradisíaco». No exagera en absoluto. Suleymaniya está rodeada de montañas y una de ellas,
de suaves lomas cargadas de vegetación, que
una carretera muy moderna va escalando entre pinares, conduce a una cumbre de ancha ba-
se desde la cual la visión de toda la comarca
es espléndida. Allá abajo se dispersan, blancas
y salpicadas de jardines, parques y árboles, las
viviendas de la ciudad, donde empiezan ya a en-
cenderse las primeras luces. Es muy extendi-
da y entre sus extremos hay roquedales color
ocre y bosquecillos. En estas alturas, el agobiante calor desaparece, atenuado por una bri-
sa fresca con aroma a resina. Toda la ladera de
esta montaña está llena de familias o grupos
de amigos, muchos jóvenes, que se han instalado bajo los árboles, con pequeños braseros
donde están preparando la cena, mientras conversan, beben y algunos cantan. A lo largo del
camino hay puestos de refrescos, casitas aisla-
das, un casino. Y por donde uno vuelva la vista todo es limpio, bello y pacífico. Tengo que
sacudirme la cabeza y decirme que todo esto es
superficial y mentiroso, que, en verdad, estoy
en un país que sólo ayer padecía las más atroces iniquidades y que buen número de estos benignos excursionistas que se disponen, divir-
tiéndose, a gozar de las miríadas de estrellas que

ya comienzan a despuntar —las más fúlgidas y numerosas que he visto nunca— tienen muchos muertos, torturados y mutilados que lamentar, por obra del salvajismo de la dictadura o de la ceguera fratricida de los propios kurdos.

Todo lo que visito a la mañana siguiente, el mercado y las calles adyacentes, y todas las personas con las que hablo me dan la misma sensación: que, pese a todas las tragedias del pasado y las dificultades presentes, aquí las cosas marchan en la buena dirección, y que reina entre la gente un espíritu constructivo, una esperanza y una voluntad resuelta de poner fin al ignominioso pasado.

Pero cuando estoy ya a punto de partir, una conversación casual, en el hotel, alrededor de un café cargado y humeante, con un joven constructor que viene de Erbil y cuyo nombre no diré, me echa el alma a los pies. «No se lleve una idea tan positiva de lo que ocurre aquí», me dice, en voz baja, después de escucharme lo bien impresionado que estoy de mi breve visita a Suleymaniya. «No sea ingenuo». Es verdad que se ha progresado mucho, en relación con el pasado sangriento, pero hay otros problemas sin resolverse. El Kurdistán iraquí está ahora dividido entre dos partidos que se odian pero que han establecido dos gobiernos que son dos monopolios. «¿Puede haber democracia con partidos únicos? Le aseguro que una democracia muy relativa y muy corrupta. Hacer cualquier tipo de negocio, aquí o en Erbil, es tener que pagar elevadas comisiones al Partido Democrático del Kurdistán o a la Unión Patriótica del Kurdistán, y a los propios dirigentes, muchos de los cuales en estos años se han hecho ricos gracias al flamante ejercicio del poder. Porque ni aquí ni allá hay ningún tipo de fiscalización real de los gobiernos». ¿Dice la verdad o exagera? ¿Es su crítica objetiva o la expresión de un resentimiento o fracaso personal? No tengo manera de saberlo, por supuesto. Pero subo a la camioneta que me llevará de regreso a Bagdad apenado y con un saborcillo amargo en la boca.

25 de junio/ 6 de julio de 2003

CAPÍTULO VIII

El virrey

Con las primeras luces del alba, entre las cinco y las seis de la mañana, el embajador Paul Bremer abandona la caravana sin aire acondicionado donde pernocta, y corre sus cinco kilómetros diarios por los jardines del antiguo palacio —en verdad, una ciudadela— de Sadam Husein. Luego, se ducha y se zambulle quince horas en su despacho, en el corazón de la gigantesca construcción llena de arañas de cristal, baldosas de mármol y cúpulas doradas que construyó, como un monumento a su megalomanía, el dictador iraquí. Y, para que no cupiera duda sobre sus intenciones, coronó el enorme complejo con cuatro gigantescas cabezas de cobre hueco en que Sadam Husein aparece como Nabucodonosor.

Bremer tiene 62 años pero parece mucho menor. Graduado en Yale y en Harvard, fue embajador en los Países Bajos y en Noruega, embajador volante del presidente Reagan, es experto en crisis y en contraterrorismo y llevaba diez años retirado, en un próspero trabajo privado, cuando el presidente Bush lo llamó para ofrecerle el oficio más difícil del mundo: dirigir la democratización y reconstrucción de Irak. Lo aceptó porque siempre ha creído en el servicio público y porque su padre le enseñó que si uno tiene la suerte «de nacer en el mejor país del mundo» («bueno, nosotros creemos que es el mejor país del mundo», matiza) está obligado moralmente a hacer todo lo que el presidente le pida. Además, lo ha aceptado porque está convencido de que es posible hacer del Irak post-Sadam Husein una democracia funcional que contagiará su entorno y permitirá una transformación esencial de todo el Medio Oriente.

Habla con claridad y coherencia, y, a ratos, se aparta de las banalidades congénitas a cualquier detentador de un cargo público, para decir cosas inteligentes. Pero, por su entusiasmo para describirme el futuro promisor de Irak, olvida las leyes de la hospitalidad y no nos ofrece ni un vaso de agua ni a mí ni a mi hija Morgana, que boqueamos de sed y de insolación, pues hemos protagonizado una odisea para llegar a este despacho (con una hora de atraso).

La cita era a las 11 y 15 de la mañana y estuvimos a las diez y media en la entrada, junto al gran arco, entre las alambradas y barreras de la guardia. Allí debían esperarnos dos oficiales de la Misión Militar Española de la CPA *(Coalition Provisional Authority)*. Pero el teniente coronel Juan Delgado y el coronel Javier Sierra habían aparcado su coche delante del arco, en tanto que nosotros los esperábamos detrás. Este desencuentro nos echó a mi hija y a mí en manos de unos soldados que nos registraron, nos pidieron unos pases incomprensibles, y nos advirtieron que jamás nos dejarían cruzar las rejas hacia el lejano despacho de Bremer. Durante una hora pivotamos entre distintas puertas del palacio, separadas por centenares de metros que debíamos cruzar a pie, bajo un sol ígneo. Cuando por fin un oficial aceptó llamar a la oficina de informaciones del embajador Bremer, no pudo hablar con nadie porque todos los empleados se habían trasladado al aeropuerto a dar la bienvenida al actor Arnold Schwarzenegger que venía a pasar el 4 de julio con las tropas norteamericanas de Bagdad.

En la más ardiente mañana de mi vida, y cuando ya se había pasado media hora de la hora de la cita, Morgana, temeraria e inoportuna, decidió dar una lección de buena crianza al Ejército de los Estados Unidos y se puso a rugirle al sargento jefe del pelotón que ella no aguantaba groserías ni que le levantaran la voz, ni la falta de cooperación de tanto patán uniformado, con lo que yo deduje que, además de no ver a Bremer, no era imposible que diera con mis huesos en uno de los calabozos del Palacio del déspota iraquí. En ese momento, providencialmente, apareció un teniente en zapatillas dotado de racionalidad. Entendió todo y pidió que lo siguiéramos. Así llegamos a la antesala del embajador. Quince minutos después compareció un amable coronel, adjunto militar del procónsul, que nos preguntó si veníamos a cubrir la entrevista que el embajador Bremer tendría con el premio Nobel. ¿Se había inventado el espléndido Miguel Moro Aguilar, encargado de la Embajada de España, que me gestionó esta cita, semejante credencial para que Bremer no pudiera decir no? Cuando expliqué al decepcionado coronel que no había ningún premio Nobel a la vista y que la cita era, apenas, con un novelista del Perú, aquél murmuró, con desmayado humor:

«Si usted le cuenta toda esta confusión al embajador, me despide».

Una hora después de lo debido, aquí estamos, con el hombre al que los terroristas que han asesinado ya 27 soldados norteamericanos y herido a 177 desde el 9 de abril, intentaron matar ayer, en el Museo Nacional, un atentado que, por cierto, la seguridad detectó y atajó a tiempo. Me cuenta que pasó su luna de miel en el Perú, en 1965, y que, gracias a una huelga del ferrocarril, él y su esposa tuvieron la suerte de visitar Machu Picchu, solos, sin los enjambres de turistas habituales.

¿Qué va a ocurrir ahora en Irak? Por lo pronto, la designación de un Consejo de Gobierno iraquí, de 25 personas, representativas de todas las tendencias políticas, religiosas y étnicas, que tendrá poderes ejecutivos, nombrará ministros y comisiones de técnicos y expertos para poner en marcha las instituciones públicas. El Consejo intervendrá en la elaboración del Presupuesto, en la puesta en marcha de una economía de mercado y en la privatización del sector público. El embajador Bremer dice que la economía de mercado y la democracia política convertirán a este país, que Sadam Husein con su frenético derroche armamentista y su socialismo esta-

tista arruinó, en una nación pujante. «Si Lee
Kwan Yoo consiguió hacerlo en Singapur, un
país que no tenía otro recurso que su gente,
imagine lo que puede lograr Irak con sus in-
gentes riquezas. Y no pienso sólo en el petróleo, también en la tierra, que, en la región
central, es aún más fértil que la del mediodía
francés».

Un par de semanas después de mi visita,
en efecto, fue instalado el Consejo de Gobierno, de 25 miembros, con un reparto pro-
porcionado a la composición político-social
iraquí: 13 chiíes, cinco kurdos, cinco suníes,
un turcomano y un cristiano. Entre ellos, tres
mujeres y un comunista. Según las primeras
declaraciones de Bremer este organismo iba a
ser sólo «asesor», es decir decorativo, pero, al
parecer por consejo insistente de Sergio Vieira de Mello, el enviado especial de la ONU, el
embajador consintió en otorgarle poderes ejecutivos. Cuando se lo pregunto, me responde: «Mi colaboración con Vieira de Mello es
excelente».

Según su plan, este Consejo de Gobierno plural abrirá un período de acciones múltiples, con participación creciente de la ciu-
dadanía en todos los órdenes, que irá, de una
manera práctica, impulsando la democratiza-

ción. Mientras, una asamblea o comisión constituyente, conformada por gentes respetables y capaces, pondrá a punto una Constitución democrática, «garantizando la libertad, la legalidad y los derechos de la mujer», que el pueblo iraquí deberá legitimar mediante un plebiscito. Entonces, Irak celebrará las primeras elecciones libres de su historia y él, sus 600 subordinados en este palacio y los 140.000 soldados estadounidenses, se marcharán.

Bremer asegura de manera enfática que esto va a ocurrir y que los terroristas que cada día emboscan y abaten en las calles a soldados norteamericanos no frenarán el empeño de Estados Unidos en llevar a cabo este proceso democratizador hasta sus últimas consecuencias. ¿Seguirá apoyándolo la opinión pública de Estados Unidos, pese al altísimo coste económico y en vidas humanas que tendrá? Sin la menor duda. Él recibe aquí, a diario, delegaciones bipartidarias, y, pese a las rencillas públicas acrecentadas por el proceso electoral de Estados Unidos, demócratas y republicanos coinciden en que esta empresa debe llegar a buen puerto, cueste lo que cueste.

¿Quiénes son los terroristas? Varios grupos, que actúan de manera dispersa, sin una dirección central. Los criminales comunes que

Sadam Husein soltó de las cárceles. Residuos militares de la dictadura, oficiales de la Guardia Republicana, de los fedayines de Sadam, torturadores y agentes con prontuario de la policía política (la *Mukhabarat)* a quienes les interesa que cunda el caos por razones obvias. Comandos internacionalistas de Al Qaeda venidos del exterior, así como comandos enviados por los sectores más fanáticos del Gobierno de Irán, que temen, y con justa razón, en sus fronteras, un Irak libre y democrático. Estas fuerzas irán siendo aniquiladas, con determinación y método, gracias a la colaboración de los propios iraquíes, a medida que empiecen a funcionar la policía y las milicias locales, entrenadas por las fuerzas de la coalición, operación que está ya en marcha. Y la captura o muerte de Sadam Husein (por el que ofrece 25 millones de dólares) liberará a muchos iraquíes del terror que todavía sienten ante la idea de que el tirano pueda volver al poder a tomarles cuentas por haber decapitado sus estatuas.

He oído decir mucho, en estos días, a iraquíes y extranjeros, que Paul Bremer no está aquí en su elemento, que Irak, el mundo árabe, el Medio Oriente, son para él temas exóticos. No es mi impresión. Por el contrario, parece moverse como pez en el agua en las turbias aguas de las diferencias, enemistades y afinidades entre las innumerables fracciones, comunidades, etnias y religiones iraquíes —chiíes y suníes, árabes, kurdos, turcomanos, armenios, cristianos, etcétera— con observaciones sutiles sobre las dificultades de hacer coexistir a ese mosaico tan disímil. «Será difícil, pero ocurrirá, ocurrirá», repite muchas veces. Para él, lo definitivo, más que las instituciones que se creen y las consultas electorales, será la acción cotidiana, el descubrimiento que ya están haciendo los iraquíes de lo que significa ejercer la libertad, en este país en el que, pese a la inseguridad, a la falta de agua y de luz y a las basuras, desde el 9 de abril se han abierto medio centenar de periódicos y fundado setenta partidos políticos. «Todo esto puede parecer algo anárquico. Pero lo que está en marcha es una verdadera fuerza sísmica, la experiencia directa y cotidiana de la libertad, de la participación cívica, a todos los niveles de la vida social. Una vez que hayan comprendido lo que ello significa, los iraquíes no dejarán que se la arrebaten nunca más». En muchos pueblos y barrios ya funcionan municipalidades genuinas, surgidas de manera consensuada, en las que los vecinos participan y a las que fiscalizan, con una libertad de iniciativa y de acción que este país no había conocido.

Cuando le digo que no he oído a un solo iraquí lamentar la caída de Sadam Husein ni siquiera los bombardeos que acabaron con su régimen, pero que, en cambio, todos con quienes he hablado están indignados, humillados, ofendidos, por la pasividad de las fuerzas norteamericanas ante los saqueos, robos e incendios que han destruido Bagdad y arruinado a cientos de miles de vecinos, me recuerda que aquello ocurrió «cuando yo no estaba aquí, cuando llevaba una vida tranquila en la esfera privada». Pero es verdad: «No haber parado los saqueos fue el peor error que cometimos y nos va a costar billones de dólares reparar esos daños». Estados Unidos no va a escatimar recursos en reconstruir los servicios, restaurar la infraestructura, para que este país despegue y se coloque a la vanguardia de la modernización política y económica en el Medio Oriente. Habla con la convicción de un misionero y creo que cree lo que me dice.

¿Puede materializarse ese sueño? Pienso que sólo a condición de que Estados Unidos, o las Naciones Unidas, asuman el altísimo costo, en pérdidas humanas y en recursos que pueden ser cuantiosos, de una larga ocupación.

Es una ilusión suponer que las acciones de sabotaje, atentados y emboscadas de los distintos grupos de la resistencia, en este país donde el embajador Bremer calcula que hay unos 5 millones de armas diseminadas entre la población civil, van a ser rápidamente aplastadas, aun luego de la muerte o captura de Sadam Husein. Lo probable es que, por un período que podría ser largo, aumenten y las víctimas se multipliquen, y los daños y sabotajes en la infraestructura sean grandes, de manera que la recuperación de la economía y la creación del empleo, una urgencia dramática para el 70 por ciento de la población que está en paro, vayan en cámara lenta o se vean frenadas. De otro lado, la adaptación a la democracia no será rápida ni sin sobresaltos en un país donde el factor religioso presenta obstáculos dificilísimos para el establecimiento de una verdadera libertad e igualdad entre los sexos. No hablo sólo de los extremistas fanáticos que, sin duda, son una minoría. Incluso entre los musulmanes medios y avanzados, y también entre los cristianos de Irak, he encontrado, a menudo, en temas que conciernen a la mujer, a la libertad de expresión o al Estado laico, prejuicios y anticuerpos tan recios que costará mucho tiempo y paciencia superar. Las animosidades y rechazos entre las distintas comunidades religiosas, políticas y étnicas están muy a flor de piel, y acaso inflamadas, ahora que pueden salir a la luz sin cortapisas y ya no se hallan sofocadas por una autoridad represora, de modo que establecer esos consensos básicos sobre los que se edifica una democracia en el mosaico iraquí será, también, difícil.

Pero nada de eso es imposible, desde luego. Sobre todo si, como afirma Bremer, el pueblo iraquí comienza a ejercitar esa libertad que no ha conocido y se acostumbra a ella, en un medio en el que el orden básico esté asegurado. Hoy ese orden sólo puede provenir de las fuerzas de la coalición, o —y esto sería lo mejor que podría ocurrir— de una fuerza de paz internacional avalada por las Naciones Unidas.

Al salir del despacho del embajador Bremer, aparecen el teniente coronel Juan Delgado y el coronel Javier Sierra. Respiran, aliviados. Nos han estado buscando toda la mañana por el dédalo de casamatas, barreras, puestos de control y patrullas de los antiguos dominios de Sadam Husein.

«Estamos vivos», los tranquilizamos. «Pero muertos de sed. Cualquier líquido frío, por caridad, aunque sea una dulcete Coca-Cola».

A la mañana siguiente, en las largas horas de carretera a través del desierto que me lleva de Bagdad a Ammán, donde tomaré el avión de vuelta a Europa, me pregunto una vez más —lo he hecho todos los días en Irak— si fue un acierto o un error oponerme a la guerra que Estados Unidos decidió unilateralmente, sin el apoyo de la ONU, para derrocar a Sadam Husein. La verdad es que las dos razones esgrimidas por Bush y Blair para justificar la intervención armada —la existencia de armas de destrucción masiva y el vínculo orgánico entre el Gobierno iraquí y los terroristas de Al Qaeda— no han podido ser probadas, y, a estas alturas, cada vez parecen más improbables. Formalmente, pues, las razones para oponerme fueron válidas.

Pero ¿y si el argumento para intervenir hubiera sido, claro y explícito, acabar con una tiranía execrable y genocida, que ha causado innumerables víctimas y mantiene a todo un pueblo en el oscurantismo y la barbarie y devolverle a éste la soberanía? Hace tres meses no lo sé, pero, ahora, con lo que he visto y oído en esta breve estancia, hubiera apoyado la intervención, sin vacilar. Sin ésta, Sadam Husein hubiera caído, tal vez, pero gracias a un golpe gestado dentro de su propia camarilla, que hubiera prolongado de manera indefinida la satrapía con otros déspotas y otras consignas. Y la suerte de la inmensa mayoría de los iraquíes seguiría siendo, como siempre, por tiempo indefinido, la del oprobio y el atraso. Esto no es pesimismo, es —basta echar una mirada alrededor en todo el Oriente Medio— estricto realismo. Todo el sufrimiento que la acción armada ha infligido al pueblo iraquí es pequeño comparado al horror que vivió bajo Sadam Husein. Ahora, por primera vez en su larga historia, tiene la posibilidad de romper el círculo vicioso de dictadura tras dictadura en que ha vivido y —como Alemania y Japón al terminar la Segunda Guerra Mundial— inaugurar una nueva etapa, asumiendo la cultura de la libertad, la única que puede inmunizarlo contra la resurrección de ese pasado. Que esto sea realidad depende no sólo de los iraquíes, aunque, claro está, principalmente de ellos. Depende, sobre todo, ahora, de la coalición y del apoyo material y político que le preste la comunidad de países democráticos del mundo entero, empezando por la Unión Europea.

25 de junio/ 6 de julio de 2003

LA VIDA ES SUEÑO

«Era ingeniero hidráulico y, como todo el mundo, he perdido mi trabajo. Pero, a diferencia de muchos amigos y parientes, yo no caigo nunca en la desesperación. Soy un hombre previsor y cuando, hace algún tiempo, en mi radio clandestina, por las emisiones en árabe de la BBC supe que se venía la guerra, tomé mis precauciones y repleté de conservas y bebidas el sótano de mi casa. De manera que, por un tiempo al menos, mi familia no pasa penurias. Para no pensar en el futuro y angustiarme, yo me paso la mañana y la tarde en el café, platicando con los amigos, saboreando un té perfumado, o chupando despaciosamente la boquilla de mi narguile. Su aroma entre ácido y dulzón, de tabaco mezclado con esencias de frutas, me arranca de este calor y este desánimo, y me devuelve los buenos recuerdos sepultados en los sótanos de mi memoria. Soy joven y apuesto otra vez y otra vez viajo a Londres, en un viaje de estudios, gracias a una beca que gestionó mi compañía. Y otra vez vivo esos apasionados amores con May, la secretaria neozelandesa que tuvo miedo de casarse conmigo y venirse aquí. Gracias a este narguile, la grácil y tierna May está ahora conmigo y nuestras noches de amor estremecen esta ciudad aún más que los tanques norteamericanos».

PANDEMONIO

«Uno de esos conductores atrapado en ese atasco monumental en el centro de Bagadad soy yo. Llevo ocho minutos en este pandemonio, pero no pierdo la paciencia. Desde que, con la guerra, desaparecieron los semáforos y los agentes de tránsito, los embotellamientos son una de las muchas pestes que han caído sobre mi ciudad. Pero no hay bien que por mal no venga. Gracias a los atascos, los bagdadíes han redescubierto la solidaridad y, acaso, el espíritu cívico que la dictadura del Baaz aniquiló. Yo soy

a 1.450. ¿Que si han tratado de estafarme? Por supuesto; todos los clientes tratan de estafarme y yo trato de estafar a todos los que se acercan a mi banco ambulante a comprar o vender dólares. Y no digo que alguna vez no me hayan estafado. Pero, eso sí, yo he estafado a muchos más. Y también proclamo con orgullo que hasta ahora nadie me ha asaltado. Para eso pago un buen salario a los dos tipos que me rodean. Para que despanzurren de un cuchillazo a cualquier bribonzuelo que trate de atracarme. Ambos estuvieron en la cárcel por delitos comunes y ahora comen gracias a mí. Me he encariñado con ellos y los llamo 'mis perros fieles'».

LA LIBRERÍA RODANTE

«La feria de los libros viejos de la calle Al Mutanavi está resucitando. En los últimos tiempos de Sadam Husein y el Baaz, los compradores casi no venían, espantados por los soplones de la *mukhabarat* que pasaban por acá arrestando a los vendedores y compradores de libros prohibidos. Ahora ya no hay nada prohibido en Irak. Todos los libros escondidos han salido a la luz, desde las sabias enseñanzas de los imames chiíes exiliados en Irak hasta los folletos de los comunistas. Y llegan muchas revistas con mujeres sin ropas de esas ciudades impúdicas, El Cairo y Beirut. Como casi todo el mundo se ha quedado sin trabajo, la gente vende sus bibliotecas a precio de saldo y un librero con olfato —como yo— puede hacer buenos negocios. No faltan los compradores. Mi librería rodante está todavía repleta porque son apenas las ocho de la mañana. A las dos de la tarde, cuando termina la feria, el sol entrará a mi auto a raudales porque habré vendido toda mi mercadería».

Muchachos y muchachas iraquíes estudiantes, alumnos de la Facultad de Lenguas de la Universidad Nacional de Bagdad, durante una clase.

Entrevista con el ayatolá Mohammed Bakr Al Hakim, que moriría algún tiempo más tarde en el atentado de la mezquita de Nayaf.

EL PANADERO

«El abuelo de mi abuelo fue panadero y también serán panaderos los nietos de mis nietos. El pan es la vida y, por eso, mientras las panaderías de Bagdad funcionen, se enciendan sus hornos y salgan de ellos las hogazas calientes, se mantendrá la esperanza. Mi panadería

no ha dejado de trabajar ni un solo día, pese a los bombardeos y a los saqueos. Alá, que es grande, nos protegió: mi panadería no fue destruida por los obuses ni saqueada por los Alí Babás. Todos mis obreros y aprendices están salvos. Y el pan que sale de mis fogones sigue siendo el más nutritivo y sabroso de Bagdad».

LOS FORZUDOS

«El mundo se puede venir abajo, pero nada ni nadie, salvo la muerte, interrumpirá nuestra rutina gimnástica. Tres horas por la mañana y tres por la noche, a lo largo de muchos meses, es lo que nos ha costado sacar estos músculos. Toquen: puro acero, ¿cierto? Una suerte que las bombas de los americanos evitaran este gimnasio del que somos socios. Cuando empezaron los saqueos, corrimos aquí y los tres nos plantamos en la puerta. Sin necesidad de garrotes ni armas, con solo nuestro físico, desalentamos a todos los vagos y facinerosos que se acercaban con malas intenciones. Este es uno de los escasos locales de Bagdad que no fueron saqueados ni quemados por los forajidos. No lo hubiéramos permitido jamás, aun cuando para salvar el gimnasio hubiéramos debido sacrificar nuestras vidas. Porque este es nuestro verdadero hogar y porque las horas que pasamos aquí somos felices».

En Suleymaniya, en el Kurdistán iraquí, donde Bush es considerado un libertador, un comerciante muestra entre sus mercancías un retrato del presidente de Estados Unidos.

Dos ancianos en el mercado de Suleymaniya.

Una familia casi feliz

«El abuelo murió de enfermedad, y el padre, marido y tío de los que estamos presentes murió también, combatiendo en una batería de artilleros, al final de los ocho años de la guerra con Irán. Pero, luego de esa desgracia, la familia ha tenido suerte, porque todos estamos vivos todavía, a pesar de la guerra, de la falta de trabajo, del hambre y los saqueos. Y todavía nos quedan ánimos para sonreír. Pero la lucha cotidiana es ardua y para llenar los estómagos de esos niños

hay que hacer verdaderas proezas. Sobre todo yo, el único varón adulto que le queda a la familia. Era jefe de unos de los almacenes de la cerveza Farida que los saqueadores vaciaron y redujeron luego a cenizas, en pocos minutos. Yo vi los estragos y lloré, porque supe que me quedaba sin trabajo. Desde entonces hago lo que puedo, descargar mercancías en el mercado central, cuidar casas, quemar basuras, limpiar desagües. Lo que sea, con tal de conseguir unos centavos para que esta linda familia mía coma todos los días y sonría».

TÉ Y SIMPATÍA

«Sé preparar el té perfumado mejor que nadie en toda la calle de
Karrada In y, sin embargo, los clientes evitan mi puesto y prefie-
ren los de mis competidores, aunque las hierbas de sus bebidas
sean menos frescas y aromáticas que las mías y sus vasos más su-
cios. ¿Por qué? Alguien me dijo una vez, en una discusión, que los

transeúntes me evitan porque tengo una cara antipática que asusta a las personas. ¿Será por eso? ¡Qué injusticia! En verdad, pese a mi cara de bravucón, soy una persona sensible, que se emociona hasta el llanto cuando refulge la luna llena y oigo trinar a mi canario. También compongo canciones y sé muchas poesías de memoria. ¿Se sirven un té?».

El forastero

«Ese que está ahí es un forastero que echa ojeadas en torno y escribe sin parar. No puede ser un espía porque los espías hacen las cosas con más disimulo. Quiere pasar desapercibido y sólo consigue delatar al extranjero que es. Pidió té y, como no tiene costumbre de tomarlo tan caliente, al primer sorbo se quemó la lengua y dio un gritito y puso una cara ridícula. Puede que sea poeta o escritor. Le habrán dicho que este 'Café del adalid de los mercaderes' es famoso porque aquí vienen a hacer tertulia, a leerse sus composiciones y a discutir, los mejores poetas de Bagdad. Pensará que en un sitio tan ilustre y creativo el ambiente lo inspirará. ¿Por qué no? Debe de venir de algún país frío, porque suda a chorros y a ratos mira con desesperación el ventilador de aspas del techo, que no funciona por la falta de electricidad. ¿Qué cosas y en qué idioma escribirá en esa libretita? Este puede ser un buen tema de divagaciones y de debate en la tertulia de la tarde».

Anexos

Los desastres de la guerra

A diferencia de lo que ocurrió con la guerra del Golfo, o con las intervenciones militares en Kosovo y Afganistán, que contaron con un amplio respaldo de la opinión pública internacional, la inminente acción armada de los Estados Unidos en Irak es objeto de un rechazo masivo en casi todo el mundo por razones que me parecen legítimas y que comparten muchas personas que, como el autor de este artículo, fueron solidarias de las acciones aliadas para rescatar a Kuwait de la invasión de Sadam Husein, atajar el genocidio serbio contra los kosovares o derrocar al régimen terrorista de los talibanes afganos coludidos con Al Qaeda y Bin Laden.

Todas las guerras son crueles y causan innumerables víctimas inocentes, además de destrozos materiales indescriptibles a una na-

ción, pero, pese a ello, hay guerras justas, las
que sólo se pueden evitar pagando un precio mucho más alto que el que costaría asu-
mirlas, como la que libraron las potencias occidentales contra Hitler y el nazismo. Sólo
cuando es evidente que la alternativa sería
mucho peor, una contienda bélica puede ser
justificada, como en 1939, en nombre de los
derechos humanos, la soberanía, la legalidad
internacional y la libertad. La vasta oposición
a una intervención armada contra Irak se debe a que, en este caso, no resulta claro, sino
extremadamente turbio y confuso, qué moti-
va esta guerra y los objetivos que con ella se
espera alcanzar.

Es verdad que Sadam Husein es un dictador sanguinario, que ha invadido a sus vecinos,
utilizado armas químicas y bacteriológicas contra su propio pueblo, e instaurado un régimen
policial, de censura y de terror. ¿Pero de cuántos gobernantes de su vecindad y de otras re-
giones del mundo se podrían decir cosas muy
semejantes? ¿Qué son Irán, Siria, Libia, Arabia Saudí, Zimbabue y un buen número más
de países africanos y asiáticos sino satrapías in-
decentes que a diario atropellan los derechos
más elementales de sus ciudadanos, a los que
tienen sometidos a un régimen de oscurantis-

mo y pavor? No es pues verosímil que detrás de esta guerra se halle la loable intención de ayudar al pueblo iraquí a emanciparse de una dictadura y forjar una democracia.

Tampoco lo es que el objetivo sea obligar al régimen iraquí a desarmarse de las armas químicas, bacteriológicas y acaso atómicas que oculta, en flagrante violación de 16 resoluciones de las Naciones Unidas a las que ha hecho caso omiso, pues la existencia de este arsenal constituye un peligro para la comunidad internacional, y, en especial, los Estados Unidos, señalados desde el 11 de septiembre como el blanco número uno de Al Qaeda y demás organizaciones terroristas del integrismo islámico. Y no lo es porque no sólo Irak, sino, por desgracia, varios otros países —India, Pakistán, Israel, Corea del Norte— tienen o se afanan por tener armamentos atómicos, transgrediendo con la más insolente jactancia todos los acuerdos y resoluciones internacionales destinados a frenar la proliferación de armas de destrucción masiva y a ir reduciendo las existentes. Que Sadam Husein oculte armas vedadas es probablemente cierto, aun cuando los inspectores de la ONU —buscadores de agujas en un pajar— no den con ellas. Pero que, en las actuales circunstancias, ese

régimen empobrecido por un embargo seve-
ro y poco menos que en andrajos pueda aten-
tar contra las potencias occidentales —y la megapotencia estadounidense—, cuya respuesta
automática lo volatilizaría en pocos minutos,
parece más que inverosímil: una pesadilla delirante. Por lo demás, si ésta fuera la razón, la
prioridad debería tenerla no Irak, sino la Corea del Norte de Kim Jong Il, que, a la vez que
reanudaba sus experimentos atómicos, acaba
de lanzar una desmesurada bravata, amenazando a Estados Unidos con ¡un ataque ató-
mico preventivo contra las ciudades norteamericanas!

Las razones esgrimidas por Washington
para justificar una acción armada contra Irak
son débiles e insuficientes, y dejan siempre flo-
tando en el aire la sensación de que Irak y Sadam Husein han sido elegidos, entre otros dic-
tadorzuelos y tiranías, más para llevar a cabo
un escarmiento ejemplar que desagravie psi-
cológica y moralmente a Estados Unidos de
los horrendos atentados, la humillación y los
miles de muertos del 11 de septiembre, que
por las causas que expusieron ante el Consejo de Seguridad el presidente Bush y el general Powell al pedir a la comunidad de naciones
su apoyo para la guerra.

Y, sin duda, aumenta la incomodidad y el malestar que esta iniciativa beligerante despierta en muchos amigos y admiradores de Estados Unidos —entre los que me cuento— el que Irak sea, después de Arabia Saudí, el país que dispone de las reservas más grandes de petróleo en el mundo. En la prensa norteamericana de los últimos días este asunto se ventila sin el menor disfraz: el futuro aprovisionamiento de combustible de los grandes países occidentales no puede estar en manos de tiranuelos irresponsables que, por fanatismo, codicia o cualquier otro motivo despreciable, podrían ejercitar sobre aquéllos un chantaje feroz, paralizando sus industrias y desplomando sus niveles de vida. ¿Qué papel juega este análisis en la decisión del Gobierno de Bush de intervenir en Irak con o sin la aprobación de las Naciones Unidas? El sólo tener que formularse esta interrogación es, para mí, un motivo más que suficiente para rechazar esta guerra y condenarla.

Curiosa guerra de Irak, que aún no ha comenzado y ha dejado ya sembrado el campo de tullidos, contusos y malheridos. Una de sus primeras víctimas ha sido la OTAN, que, en su medio siglo de historia, nunca había dado el espectáculo de crisis y división que ha exhibido en estos días, cuando Alemania, Francia y Bélgica vetaron la protección que reclamaba Turquía, país miembro de la organización, en caso de una confrontación armada en Irak. El argumento de los tres gobiernos objetores fue que apoyar ese pedido presuponía un aval a la intervención militar contra la que tienen serias prevenciones. Esto ha llevado a muchos a preguntarse si todavía tiene sentido que exista la OTAN, ahora que desapareció la Unión Soviética y cuando, entre los países que integran el Tratado, hay antagonismos tan visibles y drásticos como los que el tema de Irak ha sacado a la luz del día, entre Estados Unidos y ciertos países europeos, y entre las propias naciones de Europa. En efecto ¿lo tiene?

Irak ha sido el corrosivo que ha disuelto la educada mascarada que los países empeñados en construir la Unión Europea representaban respecto a lo que deberán ser en el futuro las relaciones de Europa con los Estados Unidos, mostrando al desnudo las dos posiciones radicalmente opuestas que existen en su seno, y que, analizadas en frío, son tan profundas y tan graves que podrían significar un obstáculo insuperable para la integración. Francia se empeñaba en difundir la tesis que sólo Gran Bretaña entendía Europa como una asociación concebida en estrecha alianza política, económica y militar con Estados Unidos, pero las ocurrencias de las últimas semanas han mostrado que la «Pérfida Albión» no está sola, sino bastante bien acompañada, en semejante concepción de lo que debería ser la futura Europa. Si no fuera así, ¿se hubieran arriesgado tantos gobiernos europeos, pese a la oposición mayoritaria de sus pueblos a la guerra, a proclamar su solidaridad abierta con los Estados Unidos en sus planes bélicos? Esta postura es rechazada con energía por Alemania y Francia, la columna vertebral de la Unión Europea, para quienes esta confederación de naciones debe erigirse en absoluta independencia de Estados Unidos y como un contrapoder —un competidor y hasta un rival— de la megapotencia mundial. Se equivocan quienes suponen que ésta es una divergencia coyuntural, originada por la crisis de Irak. Por el contrario, esta última ha sido apenas la circunstancia o pretexto que la ha sacado de la penumbra en que se escondía a la estentórea luz. ¿Podrán las naciones europeas enfrentadas por culpa de Sadam Husein, luego de que esta tragedia concluya, reabsorber sus abismales diferencias y resta-

blecer el denominador común ahora mella-
do? Lo menos que puede decirse es que no
será tan fácil y que, por lo tanto, la edificación de Europa habrá sido una de las primeras víctimas de la guerra de Irak.

Las sucesos de estos días han reactivado la
enemistad y el odio que los Estados Unidos
inspiran a europeos de distintos linajes, a veces por razones políticas e ideológicas, y, otras,
simplemente por el resentimiento y la envidia
que normalmente despierta la primera potencia mundial. No sólo los nostálgicos del
comunismo y del fascismo, a quienes vemos
—espectáculo obsceno si los hay— tomados
del brazo manifestando contra la guerra, sino
muchos demócratas convictos y confesos de
toda la vida, irritados por una acción a todas
luces arbitraria y prepotente de la Adminis-
tración Bush, se dejan ganar por un clima de
vituperio y caricaturización grotesca de lo que
es y representa Estados Unidos, retrocedién-
donos al maniqueísmo de la guerra fría. Quienes actúan de este modo, olvidan que en Estados Unidos hay una movilización muy
importante contra la acción armada en Irak, y
que más de un tercio de la sociedad norteamericana la rechaza. Oponerse a esta guerra
de Irak no es combatir a los Estados Unidos,

sino defender los principios de libertad y de legalidad que hicieron de la tierra de Lincoln y de Martin Luther King la más fuerte y próspera democracia del mundo.

«Piedra de toque»
16 de febrero de 2003

Moscas en la taza de leche

El presidente francés, Jacques Chirac, vive un paréntesis de gloria que no ha tenido antes ni tendrá después. En el reciente debate en la Asamblea Nacional sobre la crisis de Irak los diputados del Gobierno y los de la oposición respaldaron de manera unánime su rechazo a una intervención armada contra Sadam Husein y todas las encuestas señalan que si hubiera un plebiscito sobre este asunto Chirac repetiría, y acaso aumentaría, el prodigioso 82 por ciento de sufragios que obtuvo en la última elección presidencial. ¿Qué ocurre en la otrora díscola sociedad francesa para que, del fascista Le Pen a los estalinistas incombustibles, pasando por conservadores, socialdemócratas, liberales y socialistas, la excepción es una pequeña formación trotskista, haya esa extraordinaria coincidencia de pareceres en todo el espectro político?

Ocurre que, con oportunismo maquiavé-
lico y genial, Chirac se las ha arreglado en-
frentándose con dureza a Estados Unidos en
el tema de Irak, para, como en el milagro de
San Martín de Porres, hacer comer en un
mismo plato a perro, pericote y gato. Su oposición a la guerra despierta el entusiasmo de
bienintencionados pacifistas para los que, en
cualquier caso, es injustificable que un país poderoso invada a un país pobre y pequeño como Irak, por el terrible saldo de víctimas humanas y daños materiales que ello causaría, y
la solidaridad de los pragmáticos, temerosos de
que la guerra contra Sadam Husein, en vez
de golpearlo, atice el terrorismo internacional
y extienda la difusión del integrismo islámico
en todo el mundo árabe. Por otra parte, el
abierto enfrentamiento de Chirac y su ministro de Relaciones Exteriores a Estados Unidos
en el Consejo de Seguridad de la ONU ha ha-
lagado, como no sucedía desde los desplantes
del general De Gaulle contra los «anglosajo-
nes», los sentimientos nacionalistas y chovi-
nistas arraigados en un sector importante de
la sociedad francesa y que abrazan, a la vez, a
los extremistas de derecha y de izquierda por
razones ideológicas, y a un amplio sector de la
clase media que no se resigna a la lenta decli-

nación de la influencia francesa en los asuntos mundiales y en la propia Europa. El presidente Chirac, embelesado por esa casi unanimidad que lo rodea, no parece advertir, sin embargo, como se lo acaba de recordar Jacques Amalric en *Libération*, que sus exitosos movimientos para el consumo político interno lo han metido en una seria trampa, situación que podría generar considerables estropicios a Francia, a la Unión Europea y, ni que decir, a su propio futuro político.

En efecto, las pequeñas escaramuzas y puntillazos diplomáticos contra Estados Unidos son una antigua tradición de la política francesa a los que el mundo occidental está acostumbrado y acepta, no sin cierto humor, como un juego inofensivo y ritual de la vieja, querida y declinante Francia. Sobre todo porque, a la hora de la verdad, los gobiernos franceses han dejado de lado esos alardes retóricos de autonomía a ultranza y hecho causa común con la alianza atlántica encabezada por los Estados Unidos: así ha ocurrido en Bosnia, Kosovo, Afganistán, en los últimos años. Los cínicos decían que así ocurriría también esta vez y que el habilidoso Chirac y su ministro Villepin —The Playboy of the Western World— encontrarían la manera de justificar en último extremo un volteretazo político que los alineara con Washington y sus aliados europeos. Si así lo pensaron, ya no va a ser tan fácil que lo consigan. Porque, tal como han ido evolucionando las cosas, Chirac, el no hace mucho execrado mandatario por los pacifistas del mundo entero por hacer estallar bombitas atómicas en el lejano atolón de Mururoa, es ahora, gracias a las extraordinarias circunstancias del mundo en que vivimos, el príncipe de la paz, el valedor de los países pobres contra el imperio y sus apetitos colonizadores, el moderno David que blande su honda contra el Goliat yanqui. Y no sólo los gobernantes africanos que acaban de reunirse en París lo apoyan, también los No-Alineados, con Corea del Norte y Cuba a la cabeza, han hecho pública su coincidencia total con la posición adoptada por el Gobierno francés en la crisis de Irak y una miríada de intelectuales progresistas, del primero y del tercer mundo, ya se han precipitado a entonar líricas alabanzas a ese su inesperado y novísimo campeón.

¿Cómo va a hacer Chirac, después de esto, para, por la interpósita persona de su ministro Villepin, pronunciarse a favor en el Consejo de Seguridad cuando se vote la resolución presentada por Estados Unidos, Gran Bretaña y España que da la luz verde a la intervención militar en Irak? Es imposible. También lo sería la abstención, e, incluso, a estas alturas, no hacer uso del derecho de veto para bloquearla si una mayoría la respalda, algo que le exigen todos sus partidarios, sobre todo los recientes, y lo que está dentro de la lógica de la posición beligerante que Francia ha adoptado en esta crisis. Si se abstuviera, desnaturalizando todo lo que su presidente y sus ministros y seguidores han dicho y hecho en estas últimas semanas, el descalabro político de Chirac será total y se desvanecerá en un santiamén el actual espejismo de su popularidad. Si ejerciera el veto, ésta todavía crecerá más, pero, como ello no impedirá la intervención militar en Irak, la primera víctima, antes que el régimen de Sadam Husein, serán las Naciones Unidas, cuya impotencia para decidir en las cuestiones esenciales de nuestro tiempo se habrá hecho evidente. No es seguro que a mediano plazo las Naciones Unidas sobrevivan a un fracaso semejante. Las otras víctimas serán, claro está, Europa, en la que el veto francés daría el puntillazo a las cada vez más frágiles y contusas relaciones de Francia con el Reino Unido, Italia, España y los otros dieciocho miembros o aspirantes de la Unión Europea cuyos gobiernos han hecho causa común con Estados Unidos en este asunto. Una crisis de esa magnitud, por supuesto, paralizaría la edificación europea muchos años y acarrearía, más pronto que tarde, el desplome político de Chirac y los conservadores y, acaso, el renacer del actualmente descuajeringado y disminuido Partido Socialista Francés. El sueño de opio del mandatario galo habrá durado «el tiempo de un suspiro».

Por eso, aunque yo también estoy contra la guerra en Irak, no me he sumado al coro de entusiastas de la posición del presidente Chirac, para quien la confrontación con Washington parece un objetivo primordial, y la defensa de la paz, un mero pretexto táctico destinado a afianzar su supremacía nacional. Todas mis simpatías van, más bien, hacia el puñadito de políticos e intelectuales franceses de distintas tendencias —moscas en la pulquérrima taza de leche— que, opuestos a una intervención unilateral de Estados Unidos en Irak, por írrita al orden legal internacional, luchan por hacer oír la voz de la sensatez y la equidad en medio de la chillería antiestadounidense desatada por la crisis de Irak y atizada por la política gubernamental francesa. El socialista Bernard Kouchner, ex ministro de Salud, fundador de

Médicos sin Fronteras y administrador de Kosovo por encargo de la ONU, es una de las voces que han roto aquella unanimidad, afirmando: «Sadam tiene que irse. Es uno de los grandes genocidas del siglo XX y no es realista imaginar que se lo puede desarmar con inspecciones». Oponerse a los designios bélicos de Bush, añade, es legítimo, pero ello no debe hacernos olvidar que «Sadam es una afrenta a la humanidad» y que «el 80 por ciento de los iraquíes están esperando la libertad». Kouchner pide, con mucha razón, que las muy necesarias críticas a Estados Unidos por su rechazo del Tribunal Penal Internacional o los acuerdos de Kioto sobre el Medio Ambiente no cieguen de manera que lleven a sus críticos al punto de convertir a un repugnante tiranuelo como Sadam en una víctima y un héroe. Este argumento ha sido desarrollado, también, con su lucidez habitual, por Jean-François Revel, para quien el antinorteamericanismo primario de muchos europeos los lleva a preferir la satrapía iraquí a los Estados Unidos que los salvaron de Hitler y de Stalin.

El filósofo libertario André Glucksmann, opuesto asimismo a una acción armada unilateral contra Irak, autopsia la posición franco-alemana ante el conflicto y, haciendo números, re-

cuerda que es una pretensión ridícula decir que
el dúo franco-alemán habla por Europa, cuando, en verdad, con la excepción de Bélgica, más
de veinte naciones europeas han hecho explí-
cita su solidaridad con los Estados Unidos. Por
otra parte, ¿se compadece acusar de «arro-
gancia» a los norteamericanos cuando el presidente Chirac, exasperado por el manifiesto
de los antiguos países de la órbita soviética de
apoyo a Washington, dijo de ellos «que habían
perdido una magnífica oportunidad de callar-
se la boca»? Esta destemplada reacción ha herido la susceptibilidad de la decena de países
que aspiran a ser, en la futura Europa, aliados
y no vasallos de Francia y que saben muy bien
que, si los apetitos de la Rusia de Putin se des-
bocaran, su protección vendrá de Washington
antes que de París. Glucksmann reprocha a
Francia jactarse de su superioridad «moral»
en esta crisis contra los guerreristas, cuando
sus aliados en esta causa son la Rusia de Putin,
el genocida de Chechenia, y la China totalita-
rio-capitalista, que ha colonizado y ocupa el
Tíbet. Para el filósofo francés, Francia y Alemania han confundido las prioridades y ante-
puesto la postura anti-Washington a la obliga-
ción de los regímenes democráticos de apoyar
la causa de la libertad y la legalidad en el res-

to del mundo. Que entre los más diligentes defensores de la posición de Francia estén Mugabe, el tiranuelo de Zimbabue, a quien Chirac acaba de recibir en el Elíseo con todos los honores, o sátrapas convictos y confesos como Bachar Asad, de Siria, y Fidel Castro, ¿no vuelve más que ridícula la pretensión de llamar a esa variopinta mescolanza «el campo de la paz»?

Quien, a mi juicio, ha formulado lo que debería ser la política más adecuada para impedir la guerra, o, si ello resulta imposible, reducir al máximo sus horrores, es Claude Imbert, el fundador de *Le Point*. Salvar a las Naciones Unidas y a la Alianza Atlántica es más importante que salvar a Sadam Husein, y la posición pacifista franco-alemana, si mantiene su pugnacidad e intransigencia, no sólo no impedirá la guerra de Irak, sino que, además de acelerarla, conducirá a una ruptura entre América y Europa de trágicas consecuencias políticas y económicas para los antiguos aliados. ¿Qué hacer, entonces? Trabajar para mantener a Estados Unidos dentro del marco de las Naciones Unidas, de modo que sean éstas, en principio, las que asuman la responsabilidad de desarmar a Sadam Husein, y no la superpotencia mundial, sola, y en contra de la organización que, con todas sus limitaciones y defectos, representa el único orden legal internacional vigente. La participación activa de Europa Occidental en la reconstrucción de Irak y el establecimiento allí de un régimen plural y abierto le permitiría presionar con más eficacia ante Washington para una equitativa solución del conflicto palestino-israelí. Pero acaso ya sea demasiado tarde para materializar esta estrategia y la guerra de Irak estalle en cualquier momento, en las peores condiciones posibles, sembrando desastres por los cinco continentes.

«Piedra de toque»
2 de marzo de 2003

Democracia sobre las ruinas

Aprovechando el ruido y la furia de la guerra de Irak, Fidel Castro asestó, con la brutalidad a la que tiene acostumbrado al mundo desde hace 44 años, un nuevo escarmiento preventivo al pueblo cubano a fin de que descarte de una vez por todas cualquier ilusión de una pronta y pacífica democratización del régimen. En menos de una semana, cerca de ochenta disidentes fueron arrestados, juzgados y condenados a penas desmesuradas —que incluían la cadena perpetua— y tres cubanos que secuestraron un barco con la intención de escapar a los Estados Unidos fueron fusilados luego de una mascarada de proceso, perpetrado en secreto y a velocidad astronáutica. La Comisión de Derechos Humanos de la ONU —¡que preside Libia!— aprobó una linfática amonestación a la dictadura castrista, presentada por

Perú y Uruguay, pidiendo a La Habana que permitiera la visita de un funcionario de la organización para investigar los hechos, en tanto que rechazaba la condena formal de aquellos crímenes que propuso Costa Rica. El apogeo de la indignidad latinoamericana lo alcanzó esta vez el presidente argentino Duhalde, explicando que su Gobierno se negaba a censurar a Castro por estos abusos «en razón del embargo norteamericano».

Sin embargo, pese a la pusilanimidad de los gobiernos de América Latina, las protestas contra lo ocurrido en Cuba han tenido una amplitud sin precedentes en el mundo entero, y, por primera vez, algunas de ellas han venido de defensores a ultranza del régimen castrista como varios partidos comunistas europeos e intelectuales —José Saramago y Eduardo Galeano entre ellos— que habían guardado silencio ante, o aprobado, anteriores fechorías de Castro. ¿Calculó mal su movida el dictador cubano? Probablemente, no. Él ha tenido siempre muy claras sus prioridades, a la cabeza de las cuales está asegurar el absoluto sometimiento de la población a su autoridad, mediante la manipulación informativa, la demagogia, el soborno y el terror. En los últimos tiempos, la disidencia había conseguido, jugando dentro de las reglas de juego constitucionales establecidas por la propia dictadura, algo que sorprendió a la opinión pública mundial y sin duda hizo correr un mayúsculo escalofrío al propio Castro: más de once mil cubanos se adhirieron con nombre y apellido y sus carnets de identidad al Proyecto Varela, que pedía una consulta al pueblo cubano para averiguar si quería mantener el régimen actual o democratizarlo. Desde que leí esa extraordinaria manifestación, poco menos que suicida, de esos once mil valientes, yo me preguntaba cuánto tardaría y en qué sangrienta mojiganga se traduciría el castigo del régimen a quienes osaban desafiarlo de esa pacífica manera. Ahora ya lo sabemos. Y sabemos también que esa dictadura declinante y putrefacta, antes de desaparecer, dará algunos coletazos todavía, añadiendo sufrimiento e ignominia a ese desdichado país al que ha cabido el triste privilegio de padecer el más largo régimen autoritario de toda la historia latinoamericana.

Pero sobre lo que no cabe la menor duda es que se halla en el tramo final de su existencia y que no sobrevivirá un minuto a la muerte de Fidel Castro y que la sucederá, no otra dictadura, sino una democracia a la que, algunos a regañadientes y la inmensa mayoría con una explosión de entusiasmo, apoyarán todos los cubanos. Nadie que esté en su sano juicio duda de que, pese a la tabla rasa de la débil tradición de legalidad y libertad que hizo la Revolución hace cuatro décadas, en el suelo cubano puede germinar una institucionalidad democrática y un sistema de coexistencia en la diversidad semejante al que (con la excepción de Venezuela) existe ahora en el resto de América Latina. Será una democracia muy imperfecta al principio, desde luego, pero nada impide que pronto alcance los elevados niveles de representatividad y funcionalidad que tiene en países como Chile o Costa Rica.

¿Por qué, a diferencia de la confianza que muestran en el futuro democrático de Cuba, tantas personas se muestran totalmente pesimistas en lo que concierne a Irak? Acabo de pasar una semana en París y he discutido sobre Sadam Husein y los bombardeos anglo-americanos que sepultaron su satrapía con decenas de amigos. Partidarios o adversarios de la guerra, casi todos ellos, sin embargo, coincidían en que era sencillamente imposible que de las ruinas de Irak surja en un futuro más o menos próximo un sistema democrático digno de ese nombre. Mis argumentos de que no había razón alguna —cultural, histórica o política—

que lo impidiera, se estrellaban contra una muralla de escepticismo y un abanico de razones que me gustaría analizar someramente.

La primera de ellas es que el pueblo iraquí no tolerará un sistema político que llega a Irak en las bayonetas y los tanques de un Ejército invasor y que rechazará el Estado de Derecho como una mera coartada de los países ocupantes. Desde luego que una intervención militar no es en modo alguno el método ideal para transitar de una dictadura a una democracia, pero lo cierto es que hay abundantes ejemplos de que el florecimiento de la democracia ha sido la consecuencia feliz de una contienda bélica. ¿No son Alemania y Japón, hoy día democracias funcionales, un ejemplo mayor de lo que digo? Antes de la Segunda Guerra Mundial ambos países habían alcanzado un gran desarrollo industrial, pero eran sociedades autoritarias con escasísima (Alemania) o nula (Japón) experiencia democrática. Y que el Estado de Derecho llegara en las alforjas de un Ejército ocupante y a consecuencia de una devastadora derrota militar no fue obstáculo para que alemanes y japoneses hicieran suyo un sistema de gobierno y de organización de la sociedad que respetaba los derechos humanos y abría formidables oportunidades para el progreso del país y de los ciudadanos particulares. A estos ejemplos se suele replicar que Alemania y Japón eran países industriales y modernos y que Irak está inmerso en el subdesarrollo. Pero ¿y Panamá? La intervención militar que derrocó a Noriega provocó dolorosas pérdidas humanas, considerables daños materiales y la repulsa de amplios sectores del pueblo panameño. Sin embargo, éste recibió con alegría la recuperación de la democracia que desde entonces funciona allí con un respaldo unánime, incluido el del partido al que pertenecía el dictador depuesto. ¿Por qué no ocurriría algo similar en Irak?

A estas alturas de la discusión sale a relucir la objeción religiosa. No puede ocurrir en Irak porque allí impera el islamismo, una religión que por no haber experimentado un proceso de secularización en ninguna sociedad árabe, es incompatible con un Estado laico y una legalidad autónoma, no subordinada al poder religioso. Por otra parte, Irak no es una sociedad integrada, ni étnica ni religiosamente, y la multitud de divisiones que la fragmentan y la mantienen siempre a las orillas de la desintegración, impiden ese denominador común compartido sobre las reglas de juego, o principio constitucional, que sirva de cimiento a la

edificación de una democracia. Si ésta se ins-
tala, durará un suspiro, descuartizada por las
fuerzas centrífugas (kurdos, chiíes, suníes, si-
riacos, caldeos, etcétera) cuyos objetivos son
incompatibles entre sí. Tampoco estas razones
me parecen convincentes. Que no haya un
país árabe democrático sólo indica que en ellos,
hasta ahora, la tradición autoritaria ha sido lo
suficientemente fuerte para aplastar las aspi-
raciones a vivir con más libertad y oportunidades, dentro de una legalidad, que alientan
todos los pueblos reprimidos y miserables del
mundo. Para estos dictadores el islam ha sido un instrumento de dominación tan efecti-
vo como lo fue el cristianismo durante cientos
de años hasta que el progreso económico, la
cultura liberal y el espíritu civil fueron soca-
vando esa fortaleza teológico-autoritaria tras
la que se escudaban los príncipes y los déspotas. No sólo Turquía es una sociedad donde la
religión musulmana, pese a ser practicada por
una mayoría de la población, coexiste con un
Estado laico; también en Asia la democracia se
ha ido abriendo paso, cierto que tímidamen-
te, en sociedades donde parecía que el islam le
cerraría siempre las puertas. El caso más interesante es el de la populosa Indonesia. ¿Por
qué el pueblo maltratado y hambreado de Irak

rechazaría un sistema que reconozca los derechos humanos, que lo libre de las pesadillas de las mazmorras y las torturas por ejercer la crítica o no doblegarse al poder, y que le permita combatir la corrupción y los abusos de la autoridad? ¿Por qué las mujeres iraquíes no harían suyo un sistema de gobierno que las emancipe de la servidumbre y de su condición de ciudadanos de segunda clase en que todavía se hallan confinadas muchísimas de ellas pese a la supuesta naturaleza «laica» del régimen de Sadam Husein?

Desde luego que la transición de un régimen cerrado a un sistema abierto es difícil en países que carecen de una tradición de libertad y de legalidad, pero no es imposible. No hay sociedad alguna en que este parto no haya sido complicado y sujeto a veces a traumáticos reveses. Pero lo cierto es que, dentro de la larga perspectiva histórica, la democracia fue siempre una revolución sustancial para todas las sociedades, pues puso fin a una antiquísima tradición de autoritarismo y despotismo tan severa y tan ruin a veces como la que ha vivido Irak. Este país, ahora, por las especiales circunstancias en que se ha producido la caída de Sadam Husein, cuenta con un apoyo de la comunidad internacional que puede ayudarle a superar los obstáculos inevitables en toda transición hacia la democracia.

Las divisiones étnicas y religiosas que existen en Irak, según aquellos escépticos, sólo pueden ser acalladas bajo un régimen de fuerza. En democracia ellas provocarían confrontaciones y rupturas que acabarían deshaciendo el país. Mi tesis es la contraria. La dictadura no anula, por el contrario atiza aquellas divisiones impidiéndoles expresarse a plena luz. Para una sociedad en la que abundan las diferencias étnicas y religiosas, el sistema flexible y de concesiones recíprocas que representa la democracia es el único que puede salvar la integridad del país, permitiendo una descentralización y unas autonomías regionales, étnicas o religiosas que hagan la coexistencia posible. A estas afirmaciones suele responder, detrás de una burlona sonrisa, la irónica pregunta: «O sea, Irak podría convertirse en una segunda Bélgica, en una segunda Suiza».

Pues, pese a provocar las carcajadas de los escépticos, yo tengo el firme convencimiento de que no hay razón alguna para que ello no sea posible. Hay gigantescas dificultades que vencer, desde luego. Pero no mayores que las que debieron superar, en su momento, aquellos países que hoy día son presentados como paradigmas de progreso y de civilización. Y una de las peores dificultades es, precisamente, la actitud perdonavidas, arrogante, etnocentrista, y, a fin de cuentas, racista, de quienes creen que la democracia es un patrimonio exclusivo de los países occidentales —la libertad, un monopolio de los libres—, y que miran con infinito desdén los esfuerzos de los países tercermundistas para alcanzarla y, en vez de ayudarlos en esa empresa, la obstruyen y sabotean. Para mí esa forma solapada de colonialismo mental es lo primero que es imprescindible derrotar a fin de que la humanidad viva por fin alguna vez en un mundo en el que los Fidel Castro y los Sadam Husein sean anacronismos tan flagrantes como lo son ahora el canibalismo o la trata de esclavos.

«Piedra de toque»
27 de abril de 2003

Con las botas puestas

Estamos tan acostumbrados a leer en la prensa diaria las noticias de atentados terroristas en los cinco continentes, que sus víctimas resbalan ante nuestros ojos como meras cifras, abstracciones descarnadas que apenas retienen nuestra atención unos segundos y desaparecen, sin dejar huellas en la memoria. Hasta que, de pronto, como me ocurrió ayer, con la noticia de la explosión que hizo volar el hotel Canal, en el barrio de Zeuna de Bagdad, donde funcionaban las Naciones Unidas, los despedazados, mutilados y heridos toman cuerpo, adquieren caras, voces, nombres y su humanidad sangrante y conocida nos enfrenta al horror, a la infinita abyección del terrorismo.

Anoche tuve pesadillas con la imagen de Sergio Vieira de Mello, agonizando cerca de cuatro horas, atrapado entre los escombros de aquella oficina donde conversamos toda una mañana, mientras, con su teléfono móvil, dirigía a la columna de rescate que, entre las ruinas, el humo y las llamas trataba de llegar hasta él (cuando llegó, ya era tarde para salvarlo). Y soñé también con ese cumplido caballero, modelo de militar para la paz, el capitán de navío español Manuel Martín-Oar, que tanto me ayudó los días que estuve en Bagdad y que tanto se afanaba por facilitar el trabajo de las organizaciones humanitarias y de derechos humanos en Irak, otra de las víctimas de las 1.500 toneladas de explosivos que los terroristas hicieron estallar en aquel destartalado edificio donde 300 funcionarios y empleados venidos de medio mundo trabajaban, coordinando la ayuda internacional y el retorno de la soberanía al sufrido pueblo iraquí.

Todas las personas que conocí en aquella oficina de Vieira de Mello eran magníficas, estaban allí por vocación y todas sabían, empezando por él, que en esa misión iraquí se jugaban la vida a cada instante. Varias de ellas, como la argentina Carolina Larriera —políglota, simpática, servicial, buena lectora— que ha sobrevivido, lo acompañaron en la brillantísima gestión que llevó a cabo en Timor Oriental y todas tomaban con espíritu deportivo y buen humor los tremendos sacrificios que significa vivir en una ciudad sin luz eléctrica y sin agua potable, con temperaturas de infierno y presa del caos. Pero su jefe de gabinete, la inteligente Nadia Younes, egipcia que conocía la problemática del Medio Oriente al dedillo, ya no bromeará más ni lanzará sus roncas carcajadas, a menos que en el otro mundo sea todavía posible el humor a los humanos íntegros y valientes que mueren como ella con las botas puestas. Me alegro, claro está, de que el joven Jonathan Prentice, asistente ejecutivo de Vieira de Mello, se salvara, pero me imagino su consternación y su espanto con la matanza y la devastación que ha diezmado esa oficina ejecutiva de la que era parte.

Sergio Vieira de Mello tenía tanto encanto personal que, quienes lo trataban por primera vez, podían confundirlo con uno de esos diplomáticos de salón, pura facha y nada adentro, a los que Jorge Edwards llamó una vez «los tigres del cóctel». En realidad este cincuentón bien hablado, canoso y elegante, que seducía a sus interlocutores de inmediato con su desenvoltura y sus maneras, era un hombre excepcionalmente capaz y preparado —doctorado en filosofía en la Sorbona—, que pasó buena parte de su intensa vida rodeado del horror de las guerras civiles y los genocidios étnicos, las matanzas religiosas y los fanatismos nacionalistas, las hecatombes sociales de los refugiados, los inmigrantes y las minorías perseguidas, trabajando con tanto tesón como astucia y habilidad, para encontrar solución a los más terribles problemas de nuestro tiempo, y, si la solución integral no era posible, por lo menos por aliviarlos y atenuar el sufrimiento y la penuria de esas inmensas masas de víctimas que dejan cada día regadas por el planeta la intolerancia, la estupidez y la ceguera de los fanáticos, dueños de las verdades únicas.

Una media docena de veces estuve con él, en distintas instancias de su carrera, y, cada vez, ya fuera oyéndolo hablar de la guerra civil en Sudán o en Mozambique, de la desintegración del Líbano, de los refugiados en Indochina, del éxodo albanés, de los genocidios en Ruanda, de la guerra y la limpieza étnica en Bosnia-Herzegovina, o la agónica reconstrucción de Timor Oriental en su marcha hacia la independencia, me quedé impresionado con su profundo conocimiento del asunto, la sagacidad de sus análisis, y, acaso, sobre todo, al descubrir que el comercio de toda una vida con las formas más atroces del dolor humano a este funcionario no le había encallecido el corazón,

que, por debajo de su riguroso realismo carte-
siano y su espíritu pragmático de gran ne-
gociador, Sergio Vieira de Mello era un ser
sensible, compasivo, a quien a veces, evocan-
do ciertas escenas y episodios de los que había
sido testigo presencial, se le quebraba la voz.

«¿No estás cansado ya de tantos horrores?», le pregunté. «¿Por qué has aceptado
venir a este *merdier?*». «No encontré buenos
argumentos para negarme», se disculpó, con
su eterna sonrisa de oreja a oreja. Llevaba muy
pocas semanas en Bagdad, pero, por supuesto,
ya tenía el expediente iraquí en la punta de los
dedos y durante una hora me desmenuzó con
lujo de detalles la complicada trama de tensiones y pugnas entre chiíes y suníes, kurdos
y árabes, exiliados y locales, jeques tribales y
líderes religiosos y el dédalo de organizaciones terroristas que habían comenzado su trabajo de zapa para impedir la reconstrucción de
Irak. Le dije que sabía de muy buena fuente
que era él quien había convencido a Paul Bremer, el virrey, de que el Consejo de Gobierno
iraquí tuviera realmente poderes ejecutivos y
no fuera un mero cuerpo asesor de las fuerzas de ocupación. «No lo he convencido del
todo todavía», me repuso. «Pero ha hecho algunas concesiones y eso es importante. Por-

que mientras los iraquíes no tengan la impresión de que son ellos y no los americanos los que dirigen la democratización del país, ésta no saldrá adelante». No era optimista ni pesimista; simplemente, como ya no había marcha atrás, ahora, lo importante, era que la intervención armada —buena o mala— sirviera para mejorar la condición de los iraquíes. Para eso, era indispensable reconstruir la relación entre las Naciones Unidas y los Estados Unidos, tan dañada con motivo de los debates en el Consejo de Seguridad sobre el tema de Irak. Él había conseguido una buena relación de trabajo con Paul Bremer y el enviado del presidente Bush lo consultaba con frecuencia y solía escuchar sus consejos. Pero, para no herir susceptibilidades, me pidió que no dijera una palabra sobre eso y que de ningún modo resaltara su influencia, promesa que cumplí.

La hora siguiente hablamos de Brasil y de Lula, de América Latina, de amigos comunes, de mi hijo Gonzalo que aprendió tanto a su lado en los días trágicos de Sarajevo, de los tesoros salvados del Museo Arqueológico de Irak, del calor agobiante bagdadí. «Es terrible no tener tiempo para leer», se quejaba. «Me traje una maleta de libros pensando que aquí podría ponerme al día con las lecturas atrasadas y la verdad es que trabajo quince horas diarias o más». En verdad, estaba encantado con esta dificilísima misión y se había zambullido en ella con toda la energía y el entusiasmo indesmayables con que lo había hecho antes en Kosovo, Ruanda, Bosnia, Camboya o Timor Oriental. «Alguna vez tenemos que hablar de literatura», me dijo, al despedirnos. Una conversación que queda definitivamente cancelada, amigo Sergio.

El atentado terrorista que ha destruido el local de las Naciones Unidas en Bagdad, dando muerte a más de veinte personas e hiriendo a más de cien —el más grave de que ha sido víctima la ONU desde su creación— ha merecido ya, como era de esperar, lecturas muy distintas. La más sesgada ideológicamente, desde mi punto de vista, es aquella según la cual este atentado es una demostración del fracaso absoluto de la intervención militar en Irak y de la necesidad de que las fuerzas de ocupación se retiren cuanto antes y devuelvan su independencia al pueblo iraquí. Este aberrante razonamiento presupone que el atentado fue llevado a cabo por «la resistencia», es decir, por los unánimes patriotas iraquíes contra los invasores extranjeros y su símbolo, la organización internacional que legalizó la guerra del Golfo y el embargo. No es así. El atentado fue perpetrado por una de las varias sectas y movimientos dispuestos a provocar el Apocalipsis a fin de impedir que Irak pueda ser en un día cercano un país libre y moderno, regido por leyes democráticas y gobiernos representativos, una perspectiva que con toda justicia aterra y enloquece a los pandilleros asesinos y torturadores de la *Mukhabarat* y a los *fedayines* de Sadam Husein, a los comandos fundamentalistas de Al Qaeda y de Ansar al Islam y a las brigadas terroristas que envían a Irak los clérigos ultraconservadores de Irán. Todos ellos —unos pocos millares de fanáticos armados, eso sí, de extraordinarios medios de destrucción— saben que si Irak llega a ser una democracia moderna sus días están contados y por eso han desencadenado esa guerra sin cuartel, no contra la ONU o los soldados de la coalición, sino contra el maltratado pueblo iraquí. Dejarles libre el terreno, sería condenar a este pueblo a nuevas décadas de ignominia y dictadura semejantes a las que padecieron bajo la férula del Baaz.

En verdad, ante este crimen y los que vendrán —ahora está claro que las organizaciones humanitarias y de servicio civil han pasado a ser objetivos militares del terror—, la respuesta de la comunidad de países democráticos debería ser multiplicar la ayuda y el apoyo a la reconstrucción y democratización de Irak. Porque en este país se está librando en estos días una batalla cuyo desenlace trasciende las fronteras iraquíes y del Oriente Medio, y abarca todo el vasto dominio de esa civilización por la que han sacrificado sus vidas Sergio Vieira de Mello, el capitán de navío Manuel Martín-Oar, Nadia Younes y tantos héroes anónimos.

«Piedra de toque»
24 de agosto de 2003

Agradecimientos

Los autores de este libro quieren dejar constancia de su agradecimiento a las siguientes personas e instituciones cuya ayuda fue invalorable para la realización de este reportaje:

La Embajada de España en Irak, y, en especial, el Encargado de Negocios Eduardo de Quesada, el Primer Secretario Miguel Moro, la Fundación Iberoamérica-Europa, y Mahdi, los funcionarios de Naciones Unidas, en especial Jonathan Prentice, el Embajador Miguel Benzo y el capitán de navío Manuel Martín Oar, fallecido en el atentado terrorista del 19 de agosto de 2003 contra la sede de las Naciones Unidas en Bagdad, el Profesor Bassam Y. Rashid, Yousif Habboush y Manuel Torres, Nagi Al-Jaf, Saad Kahtan Alani y su familia y tantos iraquíes anónimos o que no debemos identificar.

Este libro
se terminó de imprimir en los
talleres gráficos de Editorial Nomos S.A.,
en el mes de noviembre de 2003,
Bogotá, Colombia.